I

# 中國人

遠回事

遠古至東周：
神話與真相的分野

李乃義 ——— 著

# 中 國 人 這 回 事

## 第一冊

## 遠古至東周

### 神話與真相的分野

### 編者按

中國歷史當然是我們熟悉的老話題，而原著存在大量新鮮的信息和觀點，但作者以區區1本書篇幅來涵蓋的意圖，即便已經簡約為大歷史，依然使我們覺得飽滿到可能引致消化不良，所以在完全保留原著各章節、條目及其內容的基礎上，把它分拆成4冊，方便讀者閱讀並咀嚼原味。我們也建議讀者閱讀第一冊的「前言」，那是篇不可多得的導文。

## 作者簡介

李乃義，1947 生，內地徙台的第一代臺灣人，1971 赴美留學後落戶加州，便也成為華人遷美的第一代美國人。先後在臺北建國中學、臺中東海大學、喬治亞州立大學、加州大學伯克利分校學習，參加過海外保釣運動、做過上市的半導體晶圓代工公司老總。2007／2008 年曾在兩岸印行過《這才是你的世界》一書。

## 內容簡介

本書作者是現代典型的高科技華人，得力於現代網路，他得以用當下日益增長的「大數據」不斷地重新認識、講述歷史故事。因此，本書是罕見的、從人類走出非洲一直寫到今天的歷史讀物。

這本書不同於我們熟悉的任何史書內容。

作者沒有為一個朝代、一個人或者一個歷史事件說事，而是立足大數據、抓住每個朝代與社會的根本，「人」，這個因素，來重新為讀者解讀大歷史。

讀者們不妨跟隨作者的思緒、數據、以及陳述，重走一遍人類起源、直到成為「中國人」的歷程，並重新發現中國人、華人、甚至自己的故事。作者相信，本書對歷史的闡釋，更符合現今不斷增加的大量中外考古發現和史料考據。其獨到之處，令人嘆為觀止。

# 第一冊　目錄

本書系列共四冊，其他冊的目錄附如後：

# 第二冊：秦漢至南北朝，長城內的大一統面貌

# 前言

為什麼談 "中國人這回事"，而不是 "中國這回事" 呢？有什麼太大的不同嗎？

中國人，難道不就是活在中國的人嗎？可是，當下生活在全球各地的 "華人"，許多都自認為是 "中國人"，儘管顯然有點差異。

"華人"，"中國人"，跟當下的 "伊朗人" "印度人" "希臘人" "猶太人"、甚或年輕點的 "法國人" "英國人" "德國人" "美國人" 等等類似，不都是現今存活在那裡的人群嗎？歷史上，從前生活在那裡的人群，跟今天生活在那裡的人群，是什麼關係？那真成了 "有關係就沒關係，沒關係就有關係" 的話題了。

人們說 "XX人"，顯然不只是地方標籤，也是族群標籤。
"猶太人"，或許是最有名的例子。

猶太人曾經是今天以色列所在地的一個部落國家，兩千年前被羅馬帝國征服，猶太人流散到世界各地，頑強地存活了下來。在流散到世界各地發生的血緣混融，並未妨礙他們保持原來的宗教信仰，而猶太教的<u>宗教</u>經典同時也是記載他們祖輩的<u>歷史</u>經典，神話結合歷史的宗教信仰，歷代相傳，強化了猶太族群的<u>意識</u>和認同，使得他們在各個人群中，區別出來，有了獨特的標籤。

生活在世界各地的猶太人，各有國籍，依然是 "猶太人"。今天的猶太人，大致相對集中在以色列（800萬）和美國（600萬）。當然，也有流散的猶太人被完全 "同化" 的，千年前有一支猶太人遷徙到了當時宋代都城開封附近，他們融化、成為了 "華人"。這並不奇怪，世界各地更多的 "華人" 早已融入當地社會。

人群是會遷徙的動物，多數今天的美國人，是歐洲人遷移到美洲的結果。從前的美洲有過許多國家，那時候的"美國人"可不是今天的"美國人"的德性。古早古早以前的中國世界也有過許多國家，那時候的"中國人"自然也不是今天的"中國特色"。界定這些人群的標籤，跟形成他們的歷史與文化相關，時間、空間、環境、過程，都是因素。所有人們社群的"文化"的背後，直接就是"歷史"積澱在人們身上的結果。

而"文化"這軟體，顯然像基因似地代復一代複製，再強的血緣也未必經得起文化基因的磨合，但"文化基因"也可以變異的相當迅速，適應環境嘛。"歷史"，符合現代對"演化"的定義；人群的歷史，無非就是人群社會與文化的演化途徑；而人類，自然也是地球上諸多針對環境而適應、演化的生物之一。

演化，當然是動態的，適應環境嘛。地質在變，氣候在變，人群為了生存，適存的生活技藝和生活方式也在變，人群影響下的生態環境更在變。人群的社會演化，諸多制度、教育、倫理、宗教、經濟、政治，這些集成人群的"軟體"，最終反映的，正是人腦的意識和認知，包括文化和認同的標籤。。。

人，生物，都是"內外有別"的，"外國人"嘛，就是"異"類的人囉。簡單說，古人，是時間上的外國人；今天的外國人，則是空間上的"外國人"。（這些，是吾友沈之珍先生說的，很貼切）

那麼多"ＸＸ人"，還好，人類是"智人"，智人最獨特的德性之一，便是可"通"，中外古今之間都可以互相瞭解、溝通、學習。所有人類的基本建材是一樣的。

現代中國人提倡跟國際接軌，要瞭解外國人，向外國人學習。一百年來，現代中國人也學會了科學、男女平等、技術、工業、高鐵、銀行、兩彈一星等等。當然，也學會了"急功近利"等等。

這裡頭，無所謂"好""壞"，好壞，是人們針對當下境遇的主觀反應。我們只是點出來，互相學習、互相溝通，是人類的法寶。智人的大腦瓜，通的，一學就會，好壞通吃。

西元2008年，當今世界的掌門頭頭，美國，發生了"金融海嘯"，全球智人們的腦袋瓜立馬開始思考：演化、運行了500年的人類資本制度，合理化人性私欲，體制化法治社會，刺激的科技創新，幾近極致，怎麼還鬧成這樣？下一步，該怎麼辦？回顧人史，可供參考的大型社會制度的演化案例並不多。。。

現代的中國人或地球人，能夠找到的最多、而又相對完整的人群社會演化數據，只有中國人的歷史記述。從前的中國，存在過不同的社會制度，似乎並不怎麼急功近利，但也支撐起一個龐大而相對穩定的社會。

西元18世紀近代西方霸權興起之前，西元15世紀初的中國明朝，曾經是那時候全球最大的海權國家；鄭和的龐大船隊七下西洋，完全不以工商貿易為目的，賺錢、利潤，不是那時中國人最專注的事。而歷史數據顯示，急功近利的西方社會的演化，比中國社會成功，就在西元16世紀開始，至少成功地催生了許多迄今為止的人類智慧的極致，科學、藝術等等。這又怎麼回事？

然而，金融海嘯，促使全世界智人大腦再次打開"中國人的歷史"這個數據庫。

這也不是第一次，西元20世紀以來，這個數據庫被翻開過幾回。

第一回，是西元20世紀初的中國人自己打開的。五四運動，是那時中國知識份子"跟國際接軌"的一次激情的嘗試。今天人們說的普通話、寫的中文，都是五四"白話文運動"的結果，真正促進了中國人的人際溝通（包括跟老外），並且使得西洋律法、技術、商貿、制度等軟體能夠轉譯的平易近人，因而普及到中國社會。白話文，無疑是中國人"現代化"的重要手段。做為一個政治運動,五四運動也是成功的;揭櫫的 "科學" "民主",蔚為風潮,迄今仍不失為現代中國社會的改造目標。

無需諱言,五四,以及從19世紀末開始至今的各種 "現代化",其實就是華人這個群體,為了生存而努力被西洋同化的運動。唯一的不同,在於歷史上的南北朝或宋元時期的被同化,大抵是不自覺的,因為那時來到中國的 "胡人" 也被中國人同化,結果,胡人被漢化的程度,遠多於漢文化所吸取的胡文化因素。而19世紀之後的中國,自覺地大量汲取西洋文化,"現代化" 實質上就是明顯地 "西化"、被西洋同化。

做為一個 "民族" 文化運動,五四的成果,就不那麼完美了。既然要同化,少不得要棄舊,五四 "運動" 的人物,大抵是反傳統、反 "儒" 的知識份子,科學、民主,是那時候的新潮 "時尚"。"運動" 嘛,多數人連 "科學" "民主" "儒家" 到底是什麼東東都鬧不清楚。他們討論 "文化" 課題,像魯迅先生那樣表現出深度與真實度的,似乎比較少。當時流行全面 "疑古",揪出了許多傳統中國歷史記述自相矛盾的地方,最終流行 "打倒孔家店",以及,全盤否定傳統中國歷史和文化的負面心態,成為 "新文化運動"、"白話文運動" 的社會代價。

然而那時候,放過洋、跟國際接過軌、真正把 "科學" 領回中國的,有過許多人。我們提兩個跟五四沒大關係、而值得紀念的人物為代表,一個是考古界的李濟,一個是物理界的葉企蓀。疑古嘛,科學的正解,是捲起袖子去田野做考古發掘,李濟,發掘出殷商王朝存在的證據,科學地確定了中國人的一段早期歷史,激勵了中國人一連串的考古發現,龍山、仰韶等等。科學嘛,科學的正解,是把科學的邏輯與知識輸進中國人的大腦袋瓜,葉企蓀放棄在美國的物理研究,回到清華大學辦物理系,畢生宣導 "科學救國",遠離政治,死於文革迫害;然而,現代中國兩彈一星的科技元勳,許多是葉企蓀栽培出來的。

李濟和葉企蓀,做為有社會責任感的知識份子(這可是很 "儒" 式的,一點也不西式),甚至跟五四頂牛。李濟證實了,傳統的中國歷史記載,相當程度可信。葉企蓀證明了，科學是個人類理性的方法學，智人都學得會，中國人只要肯學，一定學得會、做得到，難如登天的兩彈一星，中國人不也都"國產化"？（就在那個艱難的1960年代！）

第二回，是20世紀30年代的英國人打開的。時值抗日戰爭，那時候的中國人顛沛流離；一個被英國政府派駐中國的劍橋學者，李約瑟，倒因此有機會深入中國民間考古。他駭然發現，這個古老的中國民族，歷史上存在大量驚人的科技發明，深深傳播到從前的世界各地，影響了人類社會。他後來回到劍橋大學任教，編著了"中國的科技與文明"，提出了有名的疑問："為什麼中國人有科技而無科學？"，迄今仍然是歷史學、社會學、人類學的大哉問，題目本身，直指人性。

這一回，歐西知識份子認識到，人類科技昌明的今天，急功近利，這個習性，已經達到足以危害全球的地步。然而，人類史上的社會，似乎僅只中國從前的社會，不全以"利潤"做為社會制度平臺。當然，中國社會，未必可以複製到其他的人群環境；現實地說，就在200年前，中國社會還是西方社會競爭下的失敗者。但是，且打開這個數據庫，瞧瞧從前中國人是怎麼個習性的吧，或許中國人的歷史可以提供一些新鮮點子。。。

"中國人"這個標籤，顯然不全是"面子"或"禮教"的標誌而已呢。現代華人或中國人瞭解自己或"中國文化"嗎？

時間已到了西元21世紀，全世界積累了太多新的發現與認識，是前人記述歷史的時候並不知道的。結合傳統中國史料的數據，人們也該理性地重新認識中國人的歷史，以及，"中國人"了。

首先，全球所有人群的歷史記述，相當一大部分都是記載各國的政治史或統治史或經濟史，圍繞著"利權"二字在轉，描繪的不是政權就是金權。傳統的中國歷史記述，自然也不例外。這本身，就已經說明一個問題，真實的中國人的歷史是怎樣的？中國人的族群、全球各地的人群，都是倚賴政權或金權才存活至今的？

以政治人物或政治事件做為歷史的時代標記，當然也符合現實，畢竟人類社會也是智人集群的自然演化。統治機器的管治，權力制度，國家與朝代，自有演化成那個德性的基礎。但歷史記述裡頭，也不儘然是政治話語，我們只是需要將數據或實況提取出來，重新描繪一個人群與社會經歷過的、更真實的景象，還原歷史。政治，不過是其中的一部分，有時候是刺激因素，有時候是制約因素。

其次，現代科技使得地球變小了，全世界人類的接觸越發緊密。在人類演化的歷史長河裡，早期智人老祖宗們為了生存，習慣於物種間的生存競爭，獵殺、吃光某一類動物，經常發生。人類倚賴"智慧"，早已站在生物鏈的頂峰掠食者位置。習慣於生存競爭的人性，在農業文明開始的過去一萬年內，也開始了人類自己物種內的內鬥，人群之間的"競爭""奪權"，有增無減。從過去一萬年的人史看，人際競爭，使得人類智慧的結晶，知識與科技，相當一大部分，要不用於製造武器，去消滅另一個同類，要不用於賺錢或統治，去奴役另一個同類。

社會制度，做為塑造每個時代的軟體模具，作用當然很大。歷史過程中，人群社會經常改寫這個軟體，通俗說法是"改朝換代"，世界各國歷史當然更沒少改朝換代。人類史上的戰爭或革命，做為人群之間解決爭端的手段，社會成本很大，是人群在互鬥和犧牲。各國歷史的輪迴裡，人們業已習慣於戰爭暴力下的"人性"，雖然這不是人類冀求的人道演化的方向。

而現代知識檢視下的人類歷史，戰爭與和平，政治與經濟，都是人類自己物種內的人群社會行為，是人們自己設計、安裝的軟體的結果，又回饋影響到人們的〈意識、思維、認知、制度、文化等〉這些可以互相學習、規畫、設計、安裝的**習性**。這才是重新翻開中國人的歷史這個數據庫的最佳視角和視野。

所以，我們要談 "中國人這回事"。從時間軸上去瞭解過去的 "中國人"，比瞭解空間上的 "外國人" 容易些，他們都跟我們不大一樣，可以激發我們認識自己。

所有人的 "歷史"，他們的過去，他們的生存，除了大自然的環境因素之外，他們族群的演化，是他們自己的意識、思維、認知的（重複回饋與安裝）的結果。

## 現代的知識

既然要從現代知識的基礎上重新檢視 "中國人"，我們顯然需要知道，現代人類怎麼認識、描繪世界。況且，知識，都是 "後來有先見之明" 的；歷史，也需要重新認識。

人類的現代知識，沿著兩條主軸展開：

一個是沿牛頓到愛因斯坦所揭櫫的物理學，基本上，已經解答了宇宙物質與能量的結構和運作。化學、機械、電子、地質、氣象、航太、建築等等，都是這方面知識的應用。

一個是沿達爾文到當下的腦神經系統的 "生物演化學"，基本上，解答了生命世界的結構和運作。醫學、藥學、農學、動植物學、基因工程等等，也都是這方面知識的應用。而對腦神經系統的瞭解也達到了一定深度，認識到了人類個體的 "意識" "心理" "習性" 和人類社會集群的 "制度" "文化" 間的軟體關聯性，初步明白了大腦CPU的運作機制。

現代知識，簡單說，都是科學成就。科學，只是個求真的方法學，運用數理邏輯，推理求證個明白，讓數據、數字說話。考古、考據、統計、經濟、社會、歷史、政治…，無不可以找出客觀的、人為或意志不能改變的 "科學" 真相。

在這個意義上，傳統的哲學系，應該改名為哲學史系或思想史系，因為，前人的思維和看法，雖然有趣，但只不過是讓今人瞭解到前人怎麼去理解一道疑問，如此而已。其實，人們的知識，是"與時俱進"的；現代人知道的，遠比古人真確，所有東西方前人的思想、哲學、玄學…，相當一大部分的論據，都已確證為錯，他們大部分的思想只能做為歷史文檔來參考，提供一個智人腦袋瓜曾經怎麼思維過的案例。值得探討的，倒是歷史學或社會學的角度，去瞭解人類思想與人群社會的關聯；比如，是什麼樣的社會環境使得那個有智慧的思想家產生那樣的思想，或什麼樣的生長環境促成那個哲人產生那樣的思維。現代人類的知識，足可讓人甩掉一切自己框給自己的框框，包括"神"、從前的孔子和近代的馬克思。科學不是信教，科學只是讓人腦盡可能獲得全部真相，前人的所有思維，他們的價值，就是鋪墊今人的思維，使我們可以更清晰地認清真實，何況現代科技對知識的積累和藝術的傳播，是爆炸性的，無可阻擋。

現代知識跟"人"直接相關的，是達爾文的生物演化學問：生命，是個自然演化現象，生命的一切，包括人性、文化、歷史，都是自然演化出來的。

我們現在知道，大約7萬年前，當今人類直接的智人老祖宗們才從非洲東南角落，漸次擴散出非洲。智人老祖宗們源點的口數，若以1千人的數量級來估算，7萬年後的今天，人類覆蓋全球各地，數量達到70億；如果按20年為一代，3500代，大致每20年一代的平均淨增殖，僅有0.5%而已。

事情當然不會是連續7萬年都平穩地、每一代發生《出生率－死亡率＝0.5%》那樣的情況。過去的7萬年裡，頭6萬年還是地球的冰期，冰原覆蓋面積從北極反復向南入侵，氣候隨之劇變，所有生物的生存都受到嚴峻的考驗，許多物種都沒熬過來，滅絕了。更糟的是，印尼的多巴超級火山大約在7萬4千年前噴發，引起一場類似核冬天的災難（漫天火山灰，溫暖的赤道帶也長期失去陽光照射），使得（7-2萬年前）的冰期更加嚴酷。人類血緣上的近親，尼安德塔人、直立原人（包括爪哇原人、北京原人等等）也滅絕了。

但是，這些頂級掠食者競爭對手的消失，卻意外地給智人的擴散造就了相當真空的環境，我們人類老祖宗在大約7萬年前擴散出非洲，既是天道的偶然，也是天道的必然；地球總會時不時經歷隕石撞擊、冰期、火山爆發，動植物種就在大自然的境遇中，生存、滅絕、演化。

那時候的人類，只有簡單的石器裝備，一小股、一小股地拾獵求生。天地寬闊，那時人們大概不會進行物種內的內鬥，難得見到另一個群落的"人"嘛。那時的人類群落，沒有太多知識，不小心走進險境或遭逢天災，整個群落滅亡，經常發生。

實際上，農業文明之前，各地人類的生存繁衍當然也跟著天災的頻率搖搖擺擺。而統計數字表明，農業文明之後，日子好過了，人群開始物種內的內鬥，人為的戰爭，反而成為人群生存繁衍的最大制約因素。中國人的歷史中，可以看到許多直接相關的數據。

我們鋪墊現代知識，便是要理解，人類進行物種內的內鬥，既然是存在的事實，演化出來的人性有好鬥的一面，無可置疑。但，這是歷史演化的宿命，還是可以別有途徑？生命也演化出人類的智慧，智人的"智"，不敵天性，是白搭的嗎？人類的天性，人性，裡頭就包含智慧，人類能夠適存，不就是因為人智可以跳脫自然的限制嗎？

## "現代人"看世界

物理上，現代人們都知道，非生命世界裡頭，地球只是宇宙無數星球中的一顆；地球本身並不怎麼特殊，太空裡頭類似地球的星球，數量不會太少，也許必須以億計。我們存在的這個宇宙，已經存在了140億年，

9

具備人們尚無法想像的質量和能量。現代人們已經瞭解到，宇宙裡真有那麼一個不生、不滅的東西，就是"能量"。而"質量"，基本粒子之類，只是不同能量聚合的"色相"，透過 $E=mC^2$ 掛上等號。有形的物質，它們之間相互作用的規律，只有幾條簡單的物理原則或程式。

互古以來，這些物理程式就作用於萬物，包括時間和空間，或許可以用中國老祖宗們說的"天條"來形容。

宇宙的物理，相對來說，是簡潔的。構成物質元素的基本粒子，種類不多，元素的種類也不多。人們比較不明白的，是黑物質和黑能量，它們暫時仍在人類可以認知的範圍之外，儘管已經可以感覺（推理）它們的存在，並且似乎佔有我們這個宇宙的八成份量。

天條的遊戲規則相當簡單，就那麼些物理定律嘛，可是，粒子和元素的數量太多，天條規定它們必須全按物理出牌，物理作用下的集群現象，依然形成了黑洞、天體、星塵、星系、星球。。。滿天的星斗，滿地的東西。

天條，玩的是（數量級 + 概率）的遊戲，簡單的物理規則，在數不清的個體數量下，出現無數的集群可能性，展現出宏觀或微觀的面貌，連星系也是動態演化的，而且這些物理演化也呈現出規律。現代人們已經可以預測太陽或其他恒星的生老病死，或銀河系跟旁個星系的碰撞結合。。。當然，元素，也是基本粒子集成的一個相對"穩定"的東西，環境能量太大了，元素也會分解或重組。

這些極大和極小的事物，跟一般人似乎關聯不大。人們比較喜歡知道，身邊可以接觸到的東西，或是直接跟自己相關的事物。

我們熟悉的"東西"，大都是化學品。粒子壘成原子（元素），元素又壘成分子，分子再壘成化學物，化學物又壘成了地球上的萬物。所有東西，包括，人，石頭，海洋，都是某些元素集群的"化學品"。"化學"，不過標示著，元素集群而成的<u>分子</u>們，在地球表面的大環境中，具備穩定的物理狀態，成為所有人們熟悉的東西的基本建材。

生物上，現代人們還知道，生命世界裡頭，地球上的生物，無非都是一部部由分子疊成的"化學機器"，暫時存在於天條所容許的那個具有"生命"的軀殼裡。生物的基本建材，是相當大串的、會進行自我複製的有機化學分子集團，DNA。DNA由5種大分子組成，不多，一共只動用那麼22種氨基酸，也不多。而所有生物，就都從這樣簡單的源點演化出來。30億年前吧，地球上演化出DNA，複製開始了，它們串成各種"基因"，仍然是（數量級+概率）的遊戲，只有一條規則：複製自己。基因也自然的結成集團，共同窩在生物軀殼裡，引導生物軀殼在變動的地球環境中隨遇而安，努力求生，並繁衍（複製自己）。所有人們知曉或不知曉的古今生物，存在過的，都是天道演化下的"生物"物種。

生物當然服從物理天條，它們都需要一定的能量來維持運轉，也需要獲取元素來進行複製，所以，動物需要吃掉其他的植物或動物，植物則需要陽光、水、碳和其他元素。生物是"化學機器"的意思便是，動植物也不過就是透過化學程式來吸取、轉化、複製成生化材料。龐大數量的各種生物，從單細胞、細菌、微生物到動植物種，各自適應並覆蓋全地球的海陸空間。大魚吃小魚，小魚吃蝦，蝦吃泥巴（微生物）；老虎吃羊，羊吃草，草根吃水，樹根就往地下找水喝。就那麼5種大分子，組成無數DNA、基因集團的生物，共生在地表，形成各種生態環境，適應地球物理的變化，地理、季節、氣候等的更大環境。

從基因層面來看生命的意義，再單純不過，就是不斷複製它自己。

基因集團窩在生物體內，生物體失去"生命"，意味著那裡頭的基因的集體死亡。而生物集體死亡，物種滅絕，意味著大自然環境的"天擇"、篩選祛除了不適存的基因集團，中斷了它們的複製。

我們每個人的身體，由萬億數量級的活細胞組成，人體裡的細胞都包含一份完全一樣的基因鏈（染色體），但細胞們各自承擔不同的任務，運用生理化學機制，維持著每個"人"化學機器的運轉。這些細胞各有"壽命"，腦細胞和心細胞，跟人壽相同；血細胞為了新陳代謝（輸送氧和養分），大約只有1天-1周壽命。棲息在人體裡的龐大細胞群落，協調、控制、指揮著人體，由人體去應付軀殼外部的變動環境。維持"人"的生命，並不是件簡單的事。

任何生命體內的龐大數量細胞群落，是個共生的大社會，它們共同而唯一的"目的"，便是複製細胞自己而已。在每個生命消亡之前，基因們也許早已分散、流竄到下一代的宿主身上，繼續複製。連性愛、生育、母愛、鬥爭，一連串硬軟體的設置與執行，都在（數量級+概率）的遊戲規則裡，自然形成，最大可能地維持著基因的複製。

天道，很大，演化，很妙，不是嗎？

基因、DNA、氨基酸分子，物理化學上，天條容許它們複製，地球的質能環境提供它們複製的可行性，難以形容的龐大的數量級與漫長的時間、無數次的可能的演化試煉（排列組合），適存的基因集團便自然地存在了下來，就是今天和過去存在的生命世界。表面上，生物物種是"天擇"的，骨子裡，天道只是存在著（數量級+概率），能夠成功複製至今的，便是生存著的生物。基因、染色體、腦細胞、神經細胞、所有動物身上的細胞本身，並沒有"意識"或"認知"，它們只是"硬體"、只有物理和化學的規律。但它們卻組成了"生命"，並且讓人們有了意識、認知、智慧、文化、制度等"軟體"。

30億年的生物演化，在大約2億年前，出現了鳥類和哺乳動物，基因集團的生命體發生了"認知"和"意識"：基因集團開發出了奇特的大腦和神經系統，因為，鳥類和哺乳動物的生存，倚賴身體去從事高風險的掠食或在高風險區拾獵，需要《高度靈敏的偵測 + 正確的行動決策》，感官、信息、認知、決策、行動，必須及時一氣呵成，才能夠成功生存下去。失誤的代價，往往就是成為食物。鳥類和哺乳動物的一生中，都有不算短的幼稚學習期，以便親代把“知識”傳給子代，直到子代熟悉了從信息感知到完成行動的整個肢體和大腦的協作過程。

這是腦袋演化出“意識”的起點，對群居生存的哺乳動物而言，也是社群“文化”的起點。飛行，以及，從空中高速而安全地掠食，是鳥類習得之性，被教會的一個適存的軟體（必須自己練習的）。哺乳類和人類，習得之性，習性，就更多了。

現代科學告訴我們，人類的本性，那些自然演化在我們軀殼裡的、基因集團的基本軟體設施，除了不由自主的心跳、呼吸、尿尿、飢餓、睏覺等人人大同的本性之外，也留下給大腦和神經網路去開發意識、知識與文化的廣闊通路，使得人類的習得之性，儼然成為不容忽視的人人小異之處。而起初人類老祖宗大腦裡的“意識”與“思維”，最早不過是“求生”與“競爭”的邏輯，只要捕捉到一丁點獅子、豹子等掠食者的影像，立刻要決定逃避或面對，或上樹或拿起石頭、樹枝來防衛，連**站立起來**、**直立行走**、看得更遠，都是習得之性，小時候**學會**的。。。舊石器時代，人的意識和思維，已經自然地積累出個人的自我認知，以及，人群的制度和文化。

習得之性，意識、認知與文化的習性，在現代人類生存更多依賴人群社會制度本身的狀態裡，重要性更大於本性。

現成的最佳案例，便是科學的理性。人類軀殼裡基因集團設計並製造的人腦，它的思維是對比式的圖像識別的邏輯，因為從樹上走向草原生存的早期人類，依賴視覺來逃避掠食動物，也依賴視覺來拾獵食物，人腦長期演化出處理視覺圖像信息的靈敏CPU。而科學的思維，更多的是類似電腦0跟1的數位式邏輯。基本上，圖像識別邏輯，可以八九不離十（所以，人們常常誤認或記錯），而0跟1的數位邏輯，則必須百分之百精準。人腦當然可以建立科學的思維，但依靠每個人腦自己去培養那個習性，那個意識，那個文化。科學是，習得之性。

儘管"智人"的演化，是大約晚近20萬年內的地球事件；對DNA、大腦、神經系統的認識，更是晚近50年內的人類事件；但是，代復一代的習性積累，不斷地改寫人類對自身人性或人道的內容。

1萬年之前的人類生存，拾獵，主要是對當時環境的適應。1萬年前，人類開發了農業文明，奠立了組建大型社會的硬體基礎，群落擴大成為部落。5千年前，人類開發了文字系統，更有效地積分了前代與同代一切可溝通的知識，從此擴大了組織社會的能力，部落擴大化為國家。5千年以來，人類的生存，逐漸跳脫了自然環境的限制，人群社會的習性、意識、知識、文化、制度，成了人類自身演化的刺激或制約因素。

2千多年前，孟子和荀子的門徒，爭論人性到底是性善還是性惡，而早他們百多年的孔子，比較更貼近真實：孔子只點出，"飲食男女，人之大欲"，（人性無非需求生存與繁衍，亦即"食、色，性也"），"性相近，習相遠"（本性雷同，而習性不一樣）。孔子當然不知道"演化"那回事，但他想透過教育來改變習性、修繕"人性"，卻暗合現代知識的發現。

由於知識更真確，現代人類其實極其有力、空前有力。

現代人已經認識到，5千年來的人類演化，無論農業時期還是工業時期，實質上，是以生態環境破壞、以及同類相殘，為代價的。回顧中國人的歷史，我們也會看到許多中國社會演化在這方面的具體數據或情況。

現代知識也告訴我們，天道演化出人類的智慧，"純屬巧合"。演化跟物理一樣，沒有目的，只有遊戲規則：質能不滅、粒子、元素、分子、數量級、概率。。。基因複製，也只是地球物理環境中，自然衍生出來的、僅只適用於那裡的一條遊戲規則。地球上，生物複製的歷程中，發生過幾次生物大滅絕事件，無數巧合的因緣際會，才演化出當今人類的智慧和族群，人群的社會與文化，顯然也是適存的習性。但是，過去5千年人類文明大發展時期所建立的習性，專注於競爭下的人際內鬥；晚

14

近5百年，更只專注於"利潤"與"消費"。這些制度和文化，能夠更好的保證人群面對大自然環境的改變嗎？比如，再一次超級火山噴發之類（對地球而言，這些事必然會發生）。現在的人類社會軟體，足以確保人類這個物種安然渡過嗎？

所謂"智慧"，認知、溝通、計畫、設計、推理、預見，等等能力，那是人類自己說的。大自然只是給人類演化出一個可以具備習性的大腦，讓人類可以透過意識、認知、知識、制度、文化，來自我開發，並塑造自己、人群、周邊環境。

大自然並沒給任何生物打包票，大自然從來不打包票，只訂遊戲規則。適存不適存，生存或滅絕，都是你家的事。
這些，就是當下人類的認識，"現代知識"。

人群的〈意識、思維、認知、知識、制度、文化〉之間，很難孤立"自由地"開發，都有它們存在於其中的社會的影響，軌跡可尋。中國人的歷史，可以說明中國人的文化在時間上的演化狀態，比如，春秋戰國的中國人，有著周代城邦世界的比較多元的風貌，秦漢以後的中國人，呈現著儒文化的比較單一的風貌，但這無礙於中國各個人群的基因和文化的混同，有所變化，是當然的。

現代美國人的歷史雖然短，但也給人類提供了新興社會的演化實例，比如：

大家都知道，現代美國人的組成，主成分是在英國受迫害的耶穌教新教派的清教徒。大抵，航海和地理的知識，使得美洲成為當年逃避歐洲王權或神權壓迫的避難所。而新教，在歐洲有許多門派，包括比較接近現代思想的"教友會"，Quaker。

西元17世紀，英國內戰期中，一群英國人成立了教友會，主張人人都可以是自己的祭師（不需透過任何教士跟神溝通），主張任何人之間要像

15

兄弟一樣，主張和平主義和宗教自由，反對任何形式的戰爭和暴力，反對發誓，反對奴隸制。。。教友會這些思想，自然是那時英國社會黑暗面的一個應對，立刻招致那時英國王權與神權的鎮壓，信徒受到迫害，與清教徒一起移民到美洲，但也受到清教徒的迫害（那時候，波士頓照樣燒殺教友會"異端"，可見人們從思想到行為的力量有多大、發展有多怪異），大批教徒避遷到紐約州附近。

後來，教友會信徒之一成為美國開國後的首任賓夕法尼亞州州長，跟當地原住民（"印第安人"）簽立和約，號稱是美國唯一迄今仍被遵守的此類和約。為了適存的思想不一樣，教友會後來的信徒也分裂成幾個門派，現在全球共約12萬信眾，其中，90%跟其他新教教派一樣，也有教堂和祭師；10%信徒，則仍堅持教友們在家中、沒有儀式、沉靜地聚會、但允許真正受到"感召"的人說幾句話。教友會不大，思想和行為都相當獨特，恰巧碰到美洲的機遇，儘管也遭受過同類相殘，能適存下來、並發揮一定影響，不能不是美國式新社會、新思維的成就。

教友會是林肯解放黑奴的忠實支持者，是最早接受女權和演化論的耶穌教派，也是最早組織類似"紅十字會"的戰地救援的人群。教友會很有一些進步的思想，類似西元20世紀中期美國黑人民權運動後的"大社會"理念。美國人曾對自己的國會成員做過調查，把民主主義和社會主義的理念分拆成一句句問卷，大約90%的成員的思想一致接受"民主"和"社會主義"理念，但只要一面對"政黨"或"左右"的標籤，立馬你死我活起來。可見意識與思維，習性，對人們的影響有多大。。。

現代人有足夠的知識和理性，可以超越不同文化習性的時空因素，從"人"的角度，來瞭解中國人的歷史和文化的演變。對瞭解其他的人群與文明，無疑是很好的參考。

此外，人群之間可以互相溝通、學習，使得"文化""習性"可以在人群之間"複製"並流傳下去，無論"好壞"。意味著，文化，似乎也有類似基因的特徵。現代科學已經相當瞭解基因的傳遞與適存，也許透過

16

對歷史的瞭解，我們也能摸索出文化基因的傳遞與適存的方向。

## "現代人"看中國

這樣，回到"中國人這回事"的話題，意思就清晰了。

第一，所有人的"歷史"，都是人寫的記錄、用人自己發明的符號系統留下來的記錄。在智人演化的旅程中，受限於生存環境的影響，比如游牧族群的人數不大、對管理與溝通的方式並未形成開發書寫文字的必要，口口相傳的言語記錄業已足夠傳遞適存的資訊，因此，草原族群的"歷史"經常要由具備文字系統的族群代勞，這就發生"話語權"的問題、從誰的角度來敘事的問題。同樣的，寫記錄的人必須要有點文化，起碼要認得字並熟練地表達，這樣的分工顯然使寫史、讀史的人都得是相當程度的有閑之人，"話語權"的問題照樣發生，因為他們熟悉的角度自然不會是勞力之人的事務，於是，所謂的"階級"問題也就來了。人群的記錄所敘之事，歷史，很人性化、很主觀呢。

中國人的歷史，或英國人的歷史或法國人的歷史或任何國家的歷史，都是那個國的人寫的，他們自己的族群和社群是當然的主角，並且當然是從當時當地的習性出發的。

第二，所有的記錄都是廣義的歷史的一部分，因為都敘了事，人的事。但人們習慣稱為"歷史"的記錄，並非所有的古人都那樣子敘事，比如，印度人很早就有文字，不過他們的前人並不像中國前人那樣熱衷於寫史，結果，7世紀左右的印度史，得靠玄奘（三藏法師）的"大唐西域記"才得拼湊出輪廓。羅馬帝國也類似，羅馬史得等到18世紀英國人吉本（E. Gibbon）搜羅歐陸各地資料才還原其歷史輪廓。

幸好現在已進入資訊時代，電腦和網路使現代人們有了大數據。歷史，從未那麼真實過，因為考古學、人類學、社會學、生物學、地質學、氣象學等等等等，把中外古今的人史都串起來摸得更透。這樣的大整合，美國人戴孟德（J. Diamond）的“槍炮、病菌、以及鋼鐵”一書是開創性的首例，大大地打開天窗說亮話。

大歷史，做為人群的記憶，只會越來越鮮明、並且更為真實。
中國人的歷史，做為人史的一部分（幾近1/5的人類的演化記錄），無疑很有代表性，何況就文字記錄而言，中國人的歷史還是相對記錄得最多的人群過去的活動數據和資料。

我相信，大數據整合出的中國史（或任何國家的史），可以令人瞭解更真實的“中國人”，而瞭解真實的“中國人”就可以瞭解真實的“美國人”或“俄國人”或任何標籤的“人”。人性就是“人”性，通的。現代人的智慧，足以跨越所有話語權的業障，使所有“XX人”還原成特定時空的人群演化特例、認識到大同和小異必然平行存在。

我也相信，華人無需為“大同世界”這個理念申辦“專利權”，正如同“農業”的擴散那樣，當萬年前地球氣候合適的時候，各地的智人都不約而同地開發了農業“科技”，即便當時有“專利”制度也無法阻擋，稍後與歐亞隔絕的西非和美洲前人也都自主開發農業科技。“大同小異”這詞的內涵與精神，正是當下飽經資本主義與國家主義荼毒的現代歐美社會湧現的“未來學”的中心，只不過叫做“多樣性”（生物演化的必要條件），由此引申出以大事小和以小事大的包容與平衡。

18

# 第一章、 中國人的來源

最早的中國人，從哪裡來的？現在的中國人，是他們的後裔嗎？

面對這些無可回避的問號，我們只好以現代的知識和數據，回味萬年前的往事：現代的人類考古與基因學證據顯示，所有人類和更早的老祖宗們（人科、人屬）的演化，大約貫穿了晚近的 500 萬年，都發生在東非大裂谷的草原上。而當今全球人類，是這些 "人" 裡頭，唯一倖存下來的 "智人" 人種。500 萬年來，我們其他的 "人類" 親戚，都沒熬過演化的試煉，滅絕了。當今全球人類，儘管有體型、膚色、發毛、眼睛、鼻子等的形態差異，都是 "智人" 的後裔，都有著共同的先祖。

基因上的證據還顯示，當今全球人類共同的智人老祖們，大約 7 萬年前才擴散出非洲，漸次遷徙到世界各地（沿途大概跟不少其他 "人類" 雜交，但主要組分是 "智人"）。換句話說，最古早的 "中國人"，也是從非洲遷徙到中國大地的。

現代的分子遺傳學，這樣告訴我們：

（1） 基因，是個自然演化出來的精準複製機。"天條" DNA 規定，每一個後代，女的必定帶上母親的 m 線粒體，男的必定帶上父親的 Y 染色體，沒有例外。遺傳，有點像抄錄，上一代好比是上一版的書，後一代只是抄錄上一個版本。

（2） “天道” 雖然是：精準複印，但偶爾也出錯。DNA 既然是 “化學品”，變異、出點小差異，也很自然，就好比是抄錄時的筆誤。

比如，10 萬年前，100 萬字的第 1 版原版書在非洲出版，每 20 年抄錄出一次新版，假設平均每抄錄 10 次發生 1 次無傷大雅的筆誤（例如，把某個字的 z 抄成 Z），那如今非洲會流通 50 個略為不同的版本。

7 萬年前，那時非洲已經有了 15 個版本在流通，碰巧一個抄錄了別字 Z 的版本流通到了歐亞大陸，結果，從此在歐亞抄錄的書都帶上了 Z。於是，如今的歐亞會流通著 35 個有些微差異的版本，全都帶 Z 字。

非洲原版出現的 10 萬年後，非洲版有 50 個版本（Z 版只是其中之一），歐亞版有 35 個版本（但都帶 Z 字）。合計總共 85 個版本，就是生物物種的 “多樣性”。

（3） 能夠傳承下來的基因變異，一定是不會影響到生存的變異（不然，就傳不下來了），而只是成為一個族群的特殊遺傳標記，比如，顏色、斑點等等。這些生物多樣性，是血緣關係的一個指標。距離源頭（第 1 版）的時間越長，出現的的變異版本（多樣性）越多。

就像抄錄原版書的比喻，10 萬年前非洲原版出現，如今非洲共流通了 50 個非洲版本（包括 Z 版），但因為 7 萬年前歐亞版才出帶 Z 的第 1 版，如今歐亞共流通了帶 Z 的 35 個歐亞版本。這 85 個版本，書還是那本書，但非洲的版本肯定更古老，因為它被抄錄更多次，筆誤出現的更多。

20

現代對人類遺傳的研究，靠檢析、統計男性的 Y 染色體和女性的 m 線粒體，追蹤基因標記，來理清當今人類族群之間的血緣關係。（小插曲：中國社會很早就採用 "姓氏" 制度，由於 Y 染色體只能由父親傳給兒子，如果沒有 "賜姓" "同化" "養子" 的話，從人類學的角度，同姓的中國男子，他們的 Y 應該相同！因此，對遺傳疾病的追蹤，中國社會比外國社會相對容易，因為經常有現成的 "家譜" 可供追蹤。其實，女性 m 線粒體只能由母傳女，跟由父傳子的 Y 是類似的…）

中國人老祖宗來自非洲，證據確鑿。但，中國地方很大，讓我們進一步搞清楚，最早的 "中國人" 怎麼來的？來了哪些族群？什麼時間來的？住到了中國哪裡？

## 7 萬年之前　老祖宗的事兒

由於當今人類都是智人的後裔，現代中國人顯然不是遠古 "中國人" 的後代，雖然 100 萬年前的 "北京原人" "元謀原人" 等等，那時就已經住在中國大地。讓我們簡單敘述一下，人的現象是怎麼回事，然後再一刀切。。。

原來，約 3 千萬前開始，地質運動在東非撕開一個大裂谷，但是晚近的 1 千萬年間，非洲的氣候變得比較乾旱，使得裂谷裡出現廣大草原，森林面積減少。生存的壓力，迫使人祖從樹上,下到地面，直立走進草原，靠機靈的大腦與群體活動覓食，從此漸漸跟猩猩分支，走上演化的不歸路，這是大約 6-8 百萬年前發生的事。

300 萬年前，地球進入大冰期，大半個地球都長期被冰雪覆蓋，非洲更加乾旱，生活資源越發緊張。就在這冰期裡，為了生存，東非老窩的人祖先後演化出直立人、尼安德塔人（ "尼人" ）和我們 "智人" 的老祖宗。

直立人祖、尼人祖們，先後頑強地離家出走，進入陌生的地域，尋求生存之道。攜帶的，就是個機靈的大腦、幾塊石頭工具、幾個同伴。從老窩出走之後，人祖的生存、演化，當然從未停止。在“人”類能夠相對地掌握食物來源之前（也就是進入農業文明之前），所有生物，都只靠適應自然環境存活，靠活動地盤的大小、靠天吃飯。

人祖留下的東西不多，我們只能從“直立人”留下的石器和遺骸的地點，去推測他們的生活範圍和擴散途徑。大約 250 萬年前，直立人的蹤跡，已經出現在東非老窩之外；100 萬年前，直立人已經擴散到了東歐、中亞（緊鄰新疆北邊）、中國（華北、西南，也就是 “北京原人”等遠古的 “中國人”）、印尼（爪哇）。最後一小批直立原人的後裔，1 萬多年前才消失在印尼的一個島上。

大約 50 萬年前，東非老窩裡演化出最早的、“有智慧的”人，尼安德塔人（“尼人”）。他們具備跟我們相近、甚或稍大一點的腦容量。尼人也有動物擴散的本能，他們很早就到歐洲落戶，在伊拉克、中亞都發現過尼人遺跡。最後一批尼人的後裔，4 萬年前才消失在西班牙的南海岸邊。尼人們已經開始了藝術的表達，並且養老、扶傷、葬死，展示了他們的 “心思”和社會能力。我們智人擁有的基本功，尼人們都具備，尼人實際已經就是“智”人。

當今人類的老祖宗演化為“智人”，大約是 20 萬年之前的東非故事，那時，老窩裡的尼人早就擴散出去了。尼人們的體形，比我們這一支智人強壯。最近，從尼人遺骸中淬取出一些 DNA 片段，顯示，當今非洲以外的所有人群都沾了點尼人血緣。所有人都沾，唯獨非洲弟兄沒沾，倒可能顯示，當今人類老祖宗是在擴散途中才跟尼人們結的親的。《科學家們大致認為，這是兩支共祖的人類之間的 “雜交”，而不是像現代黃、白、黑人之間的通婚。但沒有像馬、驢（或獅、虎）之間那麼極端》

我們無從確知尼人、直立人滅絕的原因，我們只知道，所有這些遠親的生活，十分艱辛，他們很少活過 40 歲，而且族群不大、人丁不旺。儘管人類考古技術越來越發達，人們發掘到的遠親們的遺物，並不算多。我們現在還知道，冰期的末期，大約在 4-6 萬年前的時段，氣候更加冷酷到不行（7 萬 4 千年前，印尼的多巴超級火山大噴發造成的，那時連赤道地帶也嘗到 "核冬天" 的滋味）。 總之，大概就是碰上一連串的地球事件，導致他們的滅絕。

很無奈吧，單靠老天爺施捨過日子，興旺或滅絕，其實就是運氣罷了。直立人延續了 250 萬年，尼人延續了 50 萬年，畢竟沒熬過上一次冰期的嚴酷環境。如果這冰期提早個 50 萬年或 5 萬年結束，或許人類的演化會是個全然不同的故事。

我們自己的老祖們離開東非老窩的時間大約是 7 萬年前，配備了約 1350cc 的大腦，幾件石器、幾位夥伴。比直立人祖出走時強（直立人大腦約 1000cc），跟尼人祖出走時差不多。

這回，老祖們的擴散，最終成為地球一大事件：
"智慧" 終於產生了 "文明" 。

老天爺這次很夠意思，地球冰期結束，氣候 "恰巧" 在 1 萬 5 千年前開始變暖，使輾轉辛苦落戶各地的老祖們的日子好過得多，那個有 "智慧" 的腦袋瓜這才有心思搞點 "文明" 建設。現今人類的文明，最早的，都大致起始於 1 萬年前，中國大地的、伊拉克兩河流域的、印度原住民的。。。，這是大自然賜予智人的一個機遇，而老祖們接住了這個球。

我們這一支智人，在離開東非大裂谷的 3 萬年內，遷徙遍布全球。落戶各地之後，1 萬年前，各自開發出農業文明。然後，各地文字出現才 5 千年，人們就從石器時代跨入電子、太空時代了，還丟了原子彈。。。智人成為人類唯一存續下來的物種，而且，文明起源之後，人口大爆炸，迄今翻了百萬倍的數量級。

# (7-4)萬年前 老祖們的遷徙故事

老祖們走出非洲的"遷徙"路線,分為陸路與海路擴散,其實,僅只是"走向內陸"或"沿海岸走"的意思。現在生活在各地的人群,他們的基因標記所顯示的他們老祖宗到達那地區的年代,跟那地區考古的發現,相當吻合。

那時候,老祖宗面對的真實環境,路,是肯定沒有的,植被嘛,看緯度唄,別忘了,那時候是冰期,秦嶺以北,終年大多冰凍。從這地區跳到那地區,不就是兩條腿走過去的唄。如果有溪河,老祖宗一定會善加利用,因為要喝水,河道邊茂盛的植被,也意味著充沛些的食物。

騎馬,別想,那是 5 千年前才開發出來的高新科技。反正,幾萬年前的老祖們,那時看到馬,第一個普遍反應,掉口水(食物呀…)。別笑翻過去,我們 1 萬多年前落戶到北美的弟兄們,可能在幾千年內把全美洲的原生野馬吃光光(開玩笑地說);現在的美洲野馬,多半是鄭和船隊帶去的亞洲小馬種。西元 16 世紀,當坐船來的西班牙人,騎著歐洲大馬上岸的時候,許多美洲人沒見過大馬,驚訝到不行,以為是老天爺下凡。西班牙人也就真的橫行無阻,征服全美洲。

擴散途中的老祖們,生存手段:拾獵,隨遇而安,檢什麼、吃什麼。一股一股的小群落,每股 20 口不少、100 口不多。跟獅群比較,獅子獵食的戰鬥力強些,對肉的胃口大些,通常每群也難得超過 10 只獅子。人嘛,當然也有獨佔地域的動物本能,人多了就得分支出去,拜拜,通常就在附近占塊地盤,落戶。反正那時天地寬闊,整個東非以外的地球,都是新開發區,只要有食物資源,可以擴散得相當快,唯一的限制是分支要靠人口增長,而繁衍、養育小孩可快不起來。老祖宗遷徙的步伐,甚至不是一步一步來算的,而是一代一代慢慢擴散,促使他們往前走(沒方向感的)的動力,無非是水源加食物。

現實地說，那時的老祖們，路上是有碰到尼人的可能性（那時大約已沒直立人了），或許會以競爭者的角度互相打量對方。儘管相似，但獵食非我族類，應該也算是人的動物本能之一（別奇怪，直立人的近親，猩猩也獵食猿猴的）。至於交配嘛，存續的本能應該也會促使那時稀稀疏疏的群落，進行雜交吧。《遠古人類遺骸並不多，可以萃取的 DNA 更有限，但今後的證據或許會改寫智人、尼人、直立人之間的譜系》

追蹤現在人群 DNA 裡的特殊標記，我們可以知道，人群裡沾有什麼血緣，以及，大致是哪時候沾到的。在相對分離的人群中，抽樣、驗血、統計、比較，追蹤的效果就表現出來了。下面的人類遷徙路線圖，標示了當今各地人群的 DNA 裡頭，攜帶了哪些主要標記，以及，遷徙擴散的時間點。剩下的，就是讓我們的大腦工作，思量老祖宗是怎麼到達那裡的。

下頁的圖是按當下陸地與海洋的現狀描繪。在老祖們遷徙出東非的時間點，7 萬年前，那時的海平面至少比現在低 150 米，甚至更低。今天臺灣海峽最深處也不過 160 米，所以，那時候，許多海島與陸地之間、海島與海島之間，相當通的。那時候，海南島跟廣西、越南北部之間的海灣，基本上是連通的陸地，就是 "北部灣"。

估計，一開始，7 萬年前，有一批老祖宗，大概是追隨著獵物群向北緩緩擴散，不知不覺走出了東非大裂谷老窩，到了紅海最南端，窄嘛，跨過紅海，到達了阿拉伯半島的西南端，葉門。這過程，大概花掉 1 萬年。

對東非老窩的人來說，這批 "失聯" 的族群，他們身上有個基因標記，姑且叫做 "世界標" （M168），是他們離開東非老窩之後才發生的。不過，往後，正是這個 "世界標" 的基因，散布到非洲以外的全球各地。所有現在存活的非洲以外的人群，100%，都帶有 "世界標" ，都是這批老祖宗的後裔。（就是前面比方的歐亞抄錄版上的 Z 字）

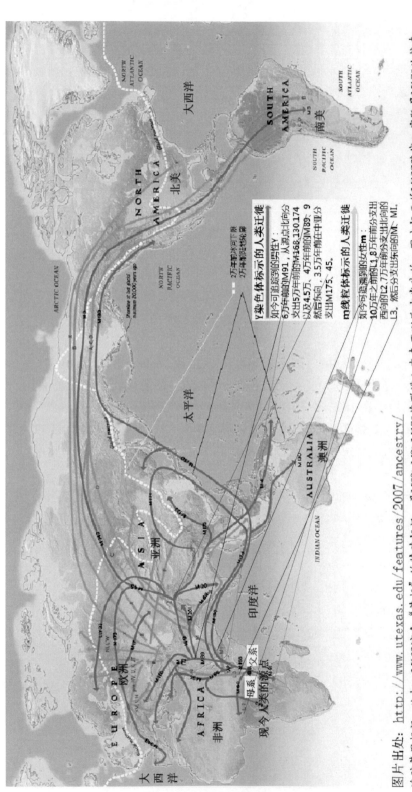

图片出处：http://www.utexas.edu/features/2007/ancestry/

追踪基因标记，比如，M122这个"黄标"的特殊标记，是M89>M9>M175族群进入东北亚以后才发生的。图上标示的M122路线，实际是M175从越南的"北非湾"扩散到中国的路线，黄标族群，在3万5千年前至2万5千年前的时段里，扩散到中国东北。在下文的叙述里，M130即"棕标"，M174即"小黑标"，M9即"黄白标"，M175即东亚"黄标"，M173即欧洲"白标"，大致就是当今人类族群的肤色。

可以確定,這批擴散的老祖們在到達葉門的過程中,又發生了突變,"世界標"族群裡多了 2 個新的標記,姑且叫做"棕標"(M130),"黃白標"(M89)。有些人變成"棕色人種"、"黃白人種"了,加上原有的"小黑標"(小黑人種,Bushman,現在非洲仍有後裔),共 3 支族群。因為已經遠離東非老窩,時間和空間的距離,使 6 萬年前的這批老祖宗變成過河卒子,回不了頭了,於是,留在老窩裡沒出來的人群裡,當然也就沒機會沾上這些新的標記,東非老窩就依然是黑人與小黑人族群的天下。

## 《海路》擴散

推測,6 萬年前當今人類老祖大擴散的起始點,大概就從阿拉伯半島南端的葉門開始的。首先,棕標族群跟其他人拜拜,一路繼續沿海岸,向東跨過波斯灣,沿伊朗與巴基斯坦南岸、印度西南岸,一路繞沿印度海岸擴散,進入泰國、馬來半島、印尼、新幾內亞,5 萬多年前就到達澳洲,存活至今。

棕標走海路,免不了要搭個簡單的浮具、筏什麼的,浮具,只是增加機動性,主要還是沿著海岸線擴散,利用沿海資源,蚌貝魚蝦之類,吃完丟剩的殼,常常就是貝塚,成為前人"到此一遊"的顯著證物。淡水河口,生活資源豐富,經常成為前人的天然據點,藉以溯河往上游擴散。這種經驗,恐怕從直立人祖開始就已經傳承下來。

棕標族群以沿海的便利與機動性,擴散迅速,4 萬年前就已經落戶菲律賓、中國東南沿海(粵、閩、台),3 萬 5 千年前從日本、朝鮮進入中國東北。更有一支繼續北進阿留申群島(那時候可以鏈結到北美的阿拉斯加),3 萬年前沿美洲西海岸向南到達洛杉磯附近(近來發掘出 3 萬年前的人類遺骸),而整個美洲西部的太平洋沿岸(加拿大到智利)出土了許多 1.5 萬年之前的人類遺跡與遺骸,其中有個完整的頭骨,跟棕標的澳洲土著具備同樣的特徵。現代美洲"原住民"("印第安人")1.3 萬年之內方才走過結冰的白令海峽、進入北美北部的。

可以確定，4萬年前，整個環太平洋周邊都是棕標老祖們的活動區域。今天，整個歐亞草原東部的族群裡（哈薩克以東，蒙古與滿洲諸部、朝、日等），有些部族的基因具有一定比例的棕標記。

歷史上，沿海路來的棕標老祖們，是最早落戶中國大地的“中國人”，跟現代中國人共同擁有6萬年前的祖宗。

這並不奇怪，棕標老祖們有海路機動的優勢，又率先移入一個幾乎沒有競爭者的廣闊地域，雖然時運仍處於冰期的高峰，嚴酷的氣候也沒擋住他們擴散的浪潮。棕標老祖移民亞太的2萬年之後，走陸路的“黃白標”老祖們才先後進入歐亞大陸，成為更厲害的競爭者，棕標的印記才被漸漸沖淡。現代中國人身上，棕標印記，不到1%，印度南邊人群，也不到3%。比較純粹的棕標後裔，主要就剩澳洲原住民，以及，少數亞太地區相對偏遠孤立的山區與海島。

棕標老祖們擴散到亞太的同伴裡，帶有一支“小黑標”，人數較少，但他們的基因也擴散到了中國大地，出現在白馬氏族身上。日本北海道的蝦夷人，是有名的“小黑人”後裔，但已經混血混成“白人”了。

（白馬氏族，現稱白馬藏族，白馬語很多藏詞，但歷史上的氏族算是羌族的一支，稱為氏羌，而白馬氏族還只是氏族裡的一支。族群認同，是人腦軟體運作的結果，教化，始終是最主要因素，血緣，只提供最初的凝聚力。白馬氏族，人數雖少，但男性“小黑標”的比例近乎100%，顯示，他們很少跟外族通婚、或生活在相當隔絕的環境）

## 《陸路》擴散

留在葉門的"黃白標"老祖們，6萬年前跟棕標拜拜，緩緩走陸路向北邊擴散，頑強地跟冰雪奮鬥，那時候還沒分化出黃人、白人。大約4萬5千年前，他們擴散到了愛琴海東岸，如今的安納托利亞地區。

在那裡，黃白標添加了幾個突變新標記，他們先後向東、向南、向北分支，姑且就叫"東標"（M9）、"南標"（M69）、"北標"（M170）吧。這些標記，有點像"鑲黃旗""鑲白旗"似的，是黃人與白人之間的過渡型。

"東標"老祖宗，4萬年之前，進入土耳其的亞洲部分（安納托利亞），碰巧這就是歐亞大草原西端、黑海南邊的廣袤地區。歐亞大草原對人史的重要性很快就發揮出來，相對平坦的歐亞大草原上的獸群，可以季節性地"逐水草而居"，直到中國東北。老祖們本能地"逐獸而居"，食物鏈向東，他們也就一路向東，不多時就擴散到了裏海、鹹海之間的中亞地區，包括哈薩克、烏茲別克、吉爾吉斯等地。這已經就在中國新疆、阿富汗、巴基斯坦門口了。

"南標""北標"，則分別從中東向南、向北擴散到伊朗、東南歐地區。這樣敘述，可以讓我們明了，為什麼從東亞到歐洲，族群之間，有那麼多連長相都似曾相識的過渡，因為都是"黃白標"旗下的分支。

4萬年前，擴散到中亞的"東標"老祖們，在冰天雪地裡鍛鍊出競爭優勢。他們必須面對極其嚴酷的氣候，一切遠比東非老窩的情況還更嚴峻，可挑檢的獵物不太多，但只要動腦筋、加上團隊協作，撲殺一只猛獁大象，足夠一大夥人吃上十天半月，營帳外是天然大冰箱，保鮮度高。

於是，適應唄，"東標"又添了兩個新的突變。其中一個新標記的族群，3萬5千年前，居然更向北擴散（M45），進入北極圈領域，完全融入冰雪世界裡生活。當然，更可能是追猛獁象追到迷失方向，幸好，發現麋

29

鹿群，索性就此成為麋鹿部落，他們後來在極北地區追隨獵物向東（M242），2萬年前擴散到西伯利亞，甚至進入美洲（1萬年前）。

另一支新標記的族群，選擇向南（M20），3萬年前進入印度，居然跟"南標"匯合了，成為古印度、古伊朗族群的主體血緣之一。雖然，現代印度人另有後來居上的來源，但歷史上，印度從來就跟伊朗、巴基斯坦、阿富汗黏在一起，雖說是"地緣政治"，但也算是家務事。別人的家務事，我們就表過不提了。

"東標"老祖宗裡，顯然有一支很早就分支往東南走，大概獵物群沒有筆直穿越新疆到河套，於是這一支老祖宗，岔進印度北部，向東進入泰緬地域，在那裡，發生了一個"黃標"（M175）的突變。東亞"黃種人"出現了。

"黃標"沒浪費什麼時間，至遲在3萬5千年之前就進入越南北部灣，並擴散到中國兩廣。顯然，東南亞到華南，東亞，是討生活的好地方。亞熱帶和溫帶唄。

到達中國地域的"黃標"陸路老祖宗，繼續向北擴散，大約2萬5千年前就到達中國東北地區，漸漸成為中國人的基因主脈。在這途中，與現代中國人群血緣最接近的老外，應該就是越南北部灣，以及泰、緬的人群了。

真真是無巧不成書，幾乎就在這3萬5千年前同一時段，東標那分支向北走的族群裡（M45），也突變出"白標"（M173）。"白種人"出現了。

"白標"也沒浪費什麼時間，他們迅速跟東嚮往西伯利亞擴散的族群拜拜，就此向西，從歐亞大草原的西邊，經過烏克蘭與東歐，大約3萬年前，擴散到達歐洲，也漸漸成為歐洲人的基因主脈。

以上的敘述，當然只是大致的圖像。在地球冰期中，以石器時代的技藝實現生存與延續，絕非易事。老祖們以小群落的方式，隨機遷徙、擴散，留下許多史前時期的痕跡，現代人、以及現代人的前人，都是那些倖存者的後裔。

## （4−1.5）萬年前　古早時期的"中國人"

到此為止，分子基因學的方法，已經給了我們非常具體的推測：至遲4萬年前，棕標老祖已經散布到中國地域，至遲3萬多年前，黃標老祖也擴散到了中國。這個推測的誤差不大，因為，中國之外，還有許多發掘出來的物證和關聯人證，比如，中亞、東南亞、日本等的考古發現與測年。

並且，中國現象也跟世界各地同步：中國的人類學考古，正好4萬至10萬年前的時段是個明顯的斷層，歷史空白（近來湖南出土了8萬年前疑似智人的遺跡，但還沒結論）。原因很簡單：上個冰期，就是在那個時段間，把直立人和尼人淘汰出局。這現象不過表明，現代中國人不是他們的後代。當今全人類，都不是。我們只是他們遙遠祖宗裡頭，某一分支的後裔，幸或不幸，我們遠親所有其他分支，都斷了香火。雖然可能參雜了些許尼人們的基因，但我們智人是人類僅存的一支物種。

中國大地的人史十分清晰：我們只需要集中注意力到4萬年以內留存下來的物證，晚期的舊石器，這些才是現代中國人的老祖宗們的遺物。

實際上，在中國出土的4萬年前人類遺跡有兩個地點，但都需要進一步認證：

（1）　廣西柳江，出土一具相當完整的頭骨，年代被檢定為約5至7萬年前，腦容量達1500cc，遠超今人。附近還有個白蓮洞遺址，溶洞裡的堆積遺物，石器到陶片，涵蓋約3萬8千年前至7萬年前一大時段。物證確鑿，但關聯的人證可疑，這個 "柳江人" 似乎有個太過超前的大腦袋瓜、以及太早的年代。

（2）　香港西貢海邊的黃地峒遺址，出土了 6000 件石器，只靠地層測年，估計約 4 萬年前。需要的關聯人證，大概躺在海面下，冰期的這裡，跟大陸是連結的，遺址邊的海底是從前的山谷，而人類至今還是喜歡住在山溝溝裡，比較容易取水呀。

邏輯上，沿海岸線路遷徙的棕標老祖們，既然在大約 5-6 萬年前，就已經落戶澳洲；3 萬年前，更已落戶美洲西岸（包括加拿大、美國）；並且在東北、蒙古草原，留下基因印記；十萬八千里都走過來了，斷無不向中國內陸擴散的道理。然而，整個中國，卻極其缺乏物證…。

實際，澳洲與美洲太平洋沿岸的棕標老祖，同樣也奇缺物證，香港考古碰到的問題，是棕標人祖沿海岸線擴散的結果。海路擴散，習慣倚海為生，人證的遺物，被 "地球暖化" 給做掉了。環太平洋地區，棕標老祖曾經有過的風光，恐怕非得做海底考古不可，因為，現在的海平面至少比 4 萬年前高出百多米，棕標沿海岸生活的據點都淹沒在百多米深的海底了。。

下圖是以當下的中國大地為背景，並將洞庭湖、鄱陽湖、太湖擴大（那時候，這些湖澤都遠比現在的大）。將山東示意成孤島，因為黃河沖積出華北平原的過程很長，過程中的山東跟華北平原之間，那時其實是大沼澤區。另外，我們需要自己想像那時海岸線的輪廓，150 米深度以內的淺海區，那時是陸地。

1 萬年前到 4 萬年前之間的前人遺跡，出土的物證相對較多，舊石器有上千件的，骨件也不少（吃剩的獵物骨頭有多至萬件的）。遺物，僅只是有幸保存得下來、又有幸被人們發現、還得更有幸地可以被辨識、被測年，的部分。比如，人們在路上撿到一件舊石器，或在黃泛區裡找到（黃河氾濫，是地球現象），若沒有關聯人證（骨骸）、又沒有可以佐證的堆積層資料，光靠跟已知的舊石器比較，那範圍可以是從 200 萬年前到 1 萬年前都有可能。因為，在長達 250 萬年的舊石器時代，人類製作石器的技術改進相當有限，許多形態的石器（手斧等等），從直立人沿用到早期智人。所以，需要嚴謹的考古學來確定它是什麼時候被人為加工成器件的。

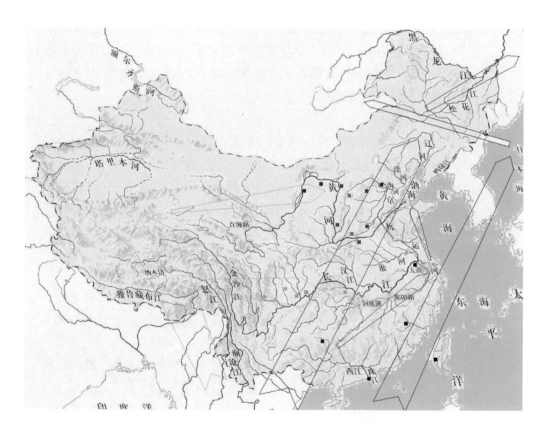

1-4 萬年前老祖們在中國大地的遺跡分布圖

■ 3.5 至 4 萬年前，■ 3 至 3.5 萬年前，■ 2.5 至 3 萬年前，■ 2 至 3 萬年前，■ 2 至 2.5 萬年前，■ 1.5 萬年前，　沖積地區

撿重點說：

（一）　根據近年來對許多基因標記的追蹤，可以確定，中國東北地區，
　　　　相對孤立的游牧或森林部落，主要是"黃標"的血緣。（有些混
　　　　有"棕標"）

東北的黃標記，顯示：黃標老祖，大約在 2 萬多年前，已經到達東北落
戶。滿蒙游牧諸部，所謂"通古斯"諸部，是"鑲黃旗"，有別於中亞
游牧諸部的"鑲白旗"。歐亞大草原各族群，血緣的交界線，大致也就
在外蒙與哈薩克接壤的地域。

當下的華北以南，直至印尼，幾成"黃標"天下，棕標被邊緣化到澳洲、
新幾內亞等零散地區。但，黃標大擴散，是 1 萬年內、農耕之後才發生
的，這是人史上顯著的，科技（文化）競爭力帶來的效應，足以令棕標
在萬年內邊緣化，這是比較不血腥的說法，據說，尼人也是這樣子被滅
絕的。血腥的例子，發生在三、四百年前的美洲，北美原住民，"印第
安"族群，基本上是被屠滅的。這是後話，不表。

現今華北平原以南，連臺灣山地裡的棕標都不大顯著，但整個華南有一
丁點棕標記，雖然不大，1%內的數量級，卻是棕標老祖存在過的證據。

（二）　基因證據顯示，3-4 萬年前從越南北部灣擴散到兩廣、貴州的黃
　　　　標老祖們，是侗傣族系（百越，含黎、侗、傣、壯、水、高山、
　　　　仫佬等族）的源頭。他們繼續向北分支，在 3-2 萬年前的時段，
　　　　先後到達華東海岸（吳越先民）、進入山東（"東夷"先民）。
　　　　這些，統稱為"百越"。最北到達松遼，成為通古斯的一部分。

農耕技術開發之後，大約 6、7 千年前，沿海的侗傣族系向臺灣、海南、
菲律賓、婆羅洲、印尼等海島擴散，用了不到 3 千年的時間便遍布大洋
洲各島嶼，成為海路擴散最成功的"南島"族群，1 千 5 百年前更遠達
夏威夷落戶安家。

另有一支黃標老祖們，也許沒進越南北部灣，從泰緬進入雲貴，沿雲貴北上，大約 2 萬多年前，分了一支向東進入兩湖地區，成為苗瑤族系先民。繼續北上的人群，最後落戶在甘青高原，成為羌人。6-8 千年前左右，羌人分化出一個新的基因標記（漢標、羌漢標），他們分支往東從甘肅進入黃、渭水系，繼續向東擴散，成為"漢"人老祖。大約 3 千年前，另外一支羌部落，分支向西南擴散，進入西藏，跟早到的人群融合，形成今天的"藏"人。

這些證據表明，羌、漢、藏族裔，血緣最接近。而且，分支的時間不很久遠。面對現代 DNA 科技的微細偵測，人們必須重新設定自己從前的認知了。

（三）　1 萬年之前的遺址，或許今後還將陸續發現，但早期中國老祖的共通性非常明顯：幾乎都是穴居遺跡，顯示，他們的前人也是這麼過活的、他們的生活伎倆當然是被教出來的：舊石器、火堆、獸骨。遼河口，海城遺址出土大量舊石器，缺乏關聯人證（大多數遺跡都是這樣）。

我們一定要記得，那時老祖們過的是拾獵生活，一群人四處遊蕩覓食，人口不大到一個程度、附近的資源不匱乏到一個程度，他們不會分支。

（四）　2.5 萬年之前的老祖遺跡裡頭，有幾個重要線索：

（1）　遺跡圖上最右邊的紅點，北京附近，周口店的"山頂人，有 3 萬年歷史。出土了男女老少共 8 具遺骸，以及，穿了孔的獸牙，明顯是裝飾品。這些老祖，似乎已經懂得墓葬。另外，根據形態學的分析，認為男性帶黃標特徵、女性帶棕標特徵。（雖然不能確證，但對全球少得可憐的遠古遺骸而言，是難得的參考了）

（2）　遺跡圖上最上邊的紫點，山西朔州峙峪，出土了 2.8 萬年前的石"箭簇"（類似箭簇的東西），重要的是，朔州已經很接近河套與蒙古鄂爾多斯草原邊上，而朔州的這些舊石器，與華北其他發掘出來的舊石器，似乎有關聯。

（3）　最西邊，寧夏銀川（靈武）**水洞溝**遺跡，出土大量的舊石器，時間在 3 萬 4 千年前左右。考古界認為，其中一些器物，跟中亞其他類似年代的舊石器，同屬一個類型。但一些器物，卻又明顯屬於"東亞特色"為中亞所無。

根據考古學界的分析，華南與華北的石器有共性，但也各有一點"地方特色"。考慮到南北氣候、植被、動物的不同，造成適應上差異，同一時段，南方的石器，往往不如北方精巧，因為北方更乾旱更寒冷，打獵成為北祖們的生存必需，更講究工具。（圖見下頁）

年代越晚近，器件製作越精細。工藝，反映了老祖們生活上的適應和演化，比如，在石器和骨器上穿孔，首先得做出石製的鑽具，而顯然做為裝飾品的穿孔獸牙、獸骨，則顯示他們已經存在審美的需求。

周口店山頂洞人的骨針約長 9 釐米，華南器件較粗大，或許跟石材和環境相關。到了 1.5 萬年前，南北差異漸漸縮小，而湘桂贛已經出現最早的陶片了。

（五）　華南廣大地域，有臺灣、香港、廣西柳江、福建三明、江蘇鎮江，5 個遺跡點，跨度 2 萬年前至 4 萬年前，足夠說明老祖們的存在了，雖然不清楚棕標、黃標。

　　實際，湘桂贛地區，1-2 萬年前的遺跡有好幾個，至遲在 1.2 萬年前，生活在那裡的老祖們已經開始栽培稻米的過程，當然也有簡單的陶器，因為稻米需煮來吃。雖然如此，人們那時，主要仍是拾獵過活。

2-4 萬年前，中國各地舊石器圖例：

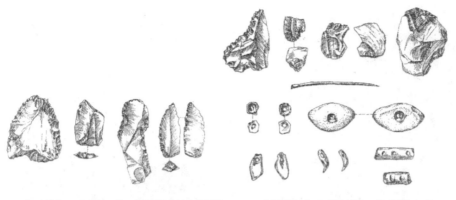

（西北）3.5 萬年前，寧夏河套水洞溝，　　　（華北）3.5 萬年前，北京周口店，
　　石英　　　　　　　　　　　　　　　　　　　有穿孔骨器

（華北）2.5 萬年前，山西沁縣下川，　　　　（華南）2-3 萬年前，黔滇桂川等地，
　　燧石　　　　　　　　　　　　　　　　　　　多用礫石


下兩頁圖示（轉載自：百度百科，分子人類學。圖源：伊勢坐照），是按照血緣和語言的“中國人”演化過程。

人類族群一開始，最自然的群落，是相近的血緣（熟悉），其次是語言（溝通），其次是文化（文化是人群適應環境而自然產生的生活習性）。圖上的 01、02、03、R、N、C 等等，是 DNA 標記。但，最終是文化和習性起到了決定性的作用，使得“人”成為“XX 人”的。

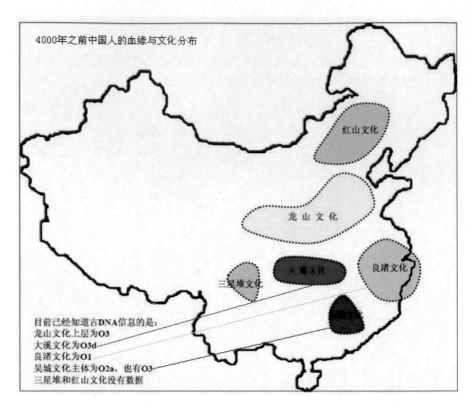

4000年之前中国人的血缘与文化分布

红山文化

龙 山 文 化

三星堆文化　　　大溪文化　　　良渚文化

目前已经知道古DNA信息的是：
龙山文化上层为O3
大溪文化为O3d
良渚文化为O1
吴城文化主体为O2a，也有O3
三星堆和红山文化没有数据

↑（10000 年前-4000 年前）↑　　　　　↓（4000 年前-3000 年前）↓

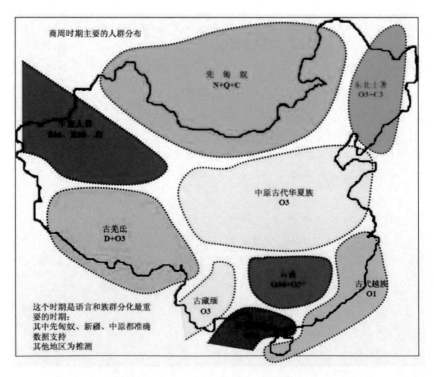

商周时期主要的人群分布

先 匈 奴
N+Q+C

东北土著
O3+C3

中亚人群
R1a、R1b、J2

中原古代华夏族
O3

古羌氏
D+O3

古藏缅
O3

古越
O3d+O2a

古代越族
O1

这个时期是语言和族群分化最重
要的时期：
其中先匈奴、新疆、中原都准确
数据支持
其他地区为推测

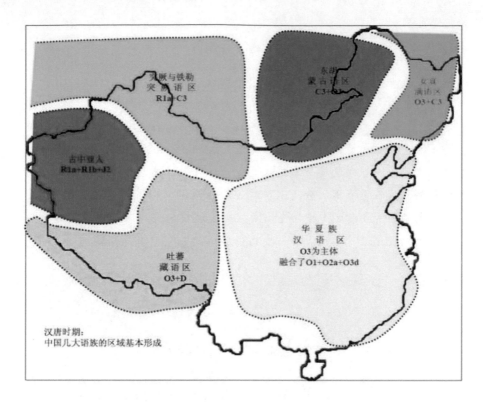

突厥与铁勒
突厥语区
R1a+C3

东胡
蒙古语区
C3+C3a

女真
满语区
O3+C3

古中亚人
R1a+R1b+J2

华夏族
汉语区
O3为主体
融合了O1+O2a+O3d

吐蕃
藏语区
O3+D

汉唐时期：
中国几大语族的区域基本形成

↑（2000 年前-1000 年前）↑        ↓（800 年前-现在）↓

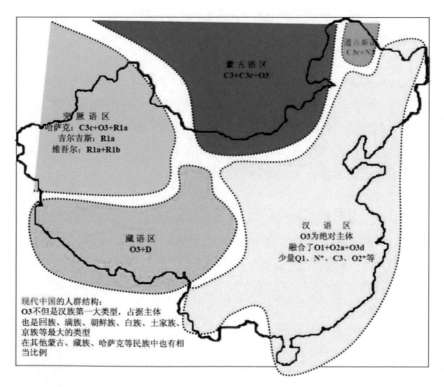

蒙古语区
C3+C3c+O3

通古斯语
C3c+N

突厥语区
哈萨克：C3c+O3+R1a
吉尔吉斯：R1a
维吾尔：R1a+R1b

藏语区
O3+D

汉语区
O3为绝对主体
融合了O1+O2a+O3d
少量Q1、N*、C3、O2*等

现代中国的人群结构：
O3不但是汉族第一大类型，占据主体
也是回族、满族、朝鲜族、白族、土家族、
京族等最大的类型
在其他蒙古、藏族、哈萨克等民族中也有相
当比例

以上，考古+ 基因，證據足以確定中國人的來源。

老祖們從非洲遷徙到世界各地的過程中，分支出各色族群。大約 4 萬年前，棕色族群最早到達中國沿海地區；大約 3 萬 5 千年前，黃色族群的百越進入華南並向北擴散到達東北地區；大約 2 萬 5 千年前，另一支黃色族群，進入雲貴川，分支出苗瑤（進入兩湖）與羌（進入甘青），之後，大約 8 千年前，羌族分支出漢族，漢族群向東進入了中原地區。另外，大約 3 萬 4 千年前，有一支白色族群進入了河套銀川地區。

這，就是古早中國人的基因庫。

# 中國老祖們的生存故事

早期的 "中國人"，是智人老祖們隨機擴散到中國的結果，本質上，跟直立人、尼人的擴散，沒啥子不同。各有本事，各奔前程，各自適應新環境，各自演化出差異性。到處都有石頭、植被、獵物、水，這是靠基因本能的自然擴散。

1 萬年之前，是整個 **"石器時代"** 的謀生故事。我們的老祖、直立人和尼人的老祖，都經歷同樣的、以石器拾獵的生活方式。他們的 "文化"，石器文化，尤其是 "舊石器文化"，經歷了漫長的 250 萬年之久。直立人、尼人、智人，也許還有我們現在還不知道的其他分支的人類物種，就在舊石器文化的平臺上，在地球的冰期裡煎熬。

可以確定，智人老祖們從東非大裂谷老窩覓食、摸索、遷徙、擴散的過程中，強化了群體與工具的開發。相應的軟體演化，比如，語言，一定越來越複雜，才可表達清楚、溝通明白；器件的設計或超大型動物的圍獵（例如，猛獁象），也一樣，需要許多代人的積累與傳承，才會掌握和突破其中的技巧。

擴散到了中國大地的東亞老祖們，生活依然相當艱辛。中國地區的溫帶氣候，不無助益，老祖們湊合著生存、延續著族群，人口應該還有所成長。分支擴散到各地的族群，就地發展，到距今 1 萬年前，連語言也不通了。這，跟當時其他地區的老祖們，是完全類似的情況。

只要能適應，熬得過去，那時候的老祖們，不會想到，誰會是"中國人"或"歐洲人"或什麼"四川人""湖南人"等的祖宗爺，活著就不錯了，哪有閒工夫理這茬事兒？何況，那時哪來"國界"，基因證據也顯示，直到幾千年前，東亞老祖們多次回流東南亞，東南亞老祖們也多次進入雲貴。遷徙自由唄，歐亞草原的老祖們就更不用說了。

熬到 1 萬 5 千年前，碰巧氣候開始變好了，獵物多了，日子踏實了，一群人裡多添了人口，拾獵活動範圍裡的食物不夠了，分支唄。怎麼分呢？男男女女、老老幼幼的，老人是寶，活的長，經驗，就是智慧，是那時人類族群的命根子。於是，大致分一分，同樣血緣的幾個女系（母女、姐妹等，彼此比較熟悉），帶著她們的孩子們（小孩認娘不認爹，爹又沒奶水可餵），跟幾個老中青男人（未必是孩子們的父系），拜拜，分支走向未知的未來。這個類似其他哺乳動物的母系社會模式，全球各地的老祖們，都走過同樣的演化。

（中國人最早的"姓"，"女人之所生出"，都帶"女"字邊，姬、姜、姒等等。而全球各部族早期的"神"，大半是女神。這些都是古早母系社會的遺存）。

老祖們長期居無定所，就是活脫脫的一群"人獸"。洞穴，自然是相對比較安全的棲息地點。

複合性的石器或骨器的組裝，鑽孔、打磨工藝，早期中國人大致在 2-3 萬年前實現。語言、飾物、岩畫、墓葬，從簡單到複雜，一路展現舊石器時代中，時空各異裡的人道演化。軟體開發，使硬體精密化、藝術化，在可取用的資源範圍內，做到實用與審美。這些，不獨是早期中國人演繹的事兒，世界各地其他標記的老祖們，無不做著同樣的演繹。天道之下的人道，是共同的。人性，也是共通的。

基因和血緣的分支，標記，對早期人類而言，其實並沒那麼重要。分割族群的主要因素，是空間的距離，加上，時間的距離（交通不便）。一旦分支，各自適應環境，各自開發不同的生活方式與文化，尤其是語言的開發，族群間的溝通便漸漸疏離、絕緣了。

這裡，提個想像空間，做為小結：

寧夏銀川水洞溝遺存裡，並存著東西方特色的舊石器。是東邊的老祖擴散到此，碰到西邊的老祖，學會了他們的武功？還是，正好反過來？或是，兩支老祖，在此混同共居，一起生產出東西方特色都有的石器？這是個大哉問。我們不知道答案。

若以現代國家的地盤角度來琢磨，這事怎麼會發生，較難理解。水洞溝成為孤證，水洞溝大量的細小石器，似乎供應給距離這裡不遠的"河套人"，是古早的交易行為嗎？但是，如果從"黃白標"，游牧民的角度來看呢？（4萬年前的老祖們本來就是歐亞大草原上的游牧民！）

下圖的粉色區是整個歐亞大草原，紅杠斜影表示"黃白標"老祖的遷徙途徑，紅框裡則是"黃白標"4萬年前到達中亞時的活動區域。那時候，整個大草原，向南直到跨越秦嶺，大半年都在風雪中，然而，黃白標的老祖還是有支族群往北走，成為麋鹿部落。似乎，直接往東、進入新疆地區後，再到達河套，也不無可能。

顯然，中亞老祖要摸索到河套，天山是障礙、額爾齊斯河谷是捷徑。應該不會比繞道東南亞慢，到達的概率還更高些。橫豎，那時的老祖，遷徙是他們的習性。

因此，3萬4千年前，東亞老祖與中亞老祖，或許真的在水洞溝附近，一起並存、混上了。我們不能忽視這個可能性的存在。

42

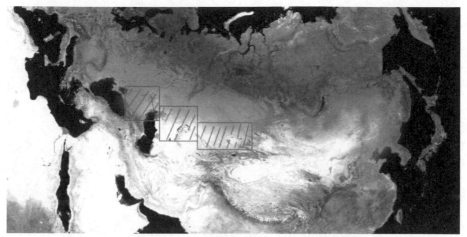

圖源：維基百科，歐亞大草原（粉色）

再比對現在的國界地圖，**水洞溝**以紅點標示，在"和"字右上角。

伊朗北部至中亞地區，歷史上，一直就是東亞與歐洲之間的孔道，老祖們在這地區，後裔演化出眾多族群，從來沒有確切的"國界"概念，直到 20 世紀初。

不僅游牧民族如此，後來務農的漢民族也同樣模糊。"國界"，是人類社會制度下的"現代國家"的產物。在游牧民的生活區域畫界，趕牲口時得帶上護照，過關要交稅（好幾道關卡呢），完全違反人道與天道，非常不自然。

後來，中國、安納托利亞、埃及、伊朗、印度、羅馬的人群，漸漸定居成為農民，發展了文字，他們之間的交通路線，各地記載下來的，明的是"絲路"。其實，沒有文字記載、而為草原部落熟悉的，老祖們與鄰居們口口相傳下來的、暗的"絲路"，正是上圖俄羅斯南部的歐亞大草原上遍布的大小河川，沿用幾萬年，只有歷來的游牧民依稀知曉。

不然，4千年前新疆羅布泊沙漠裡，樓蘭故地的"小河公主"白人部落怎麼來的？2千年之前，新疆到北印度之間，"西域大小佛國一百"的族群，明顯多中亞老祖的基因，又怎麼來的？

更後來，漢民族跟緊鄰的北方游牧民族鬧冤家，後來的"中國人"似乎直到現在還鬧不明白，游牧的各個部落，怎回事？簡單的說，大草原東邊的混了棕標、黃標，是"鑲黃旗"，西邊原本就是黃白標老祖，標記一直就在黃白之間，黃標少了，成為"鑲白旗"。

草原的生活方式，游牧，原本就是歐亞大草原上的族群對自然環境的最佳適應，大草原上，游來游去，從來都是通的，人群與信息與貨物都通。所以，鑲黃旗出身的匈、柔然、突厥、蒙古，"西征"，搭上歐亞大草原的快車道，從大草原西端的烏克蘭進入歐洲，是游牧民的天經地義。老祖們曾經搭這條路向東進入中國東北，氣候舒服了，後代偶爾搭這路回去，如此而已。這些後話，往下再敘。

這裡先鋪墊一下草原與游牧民族，因為，即便要瞭解中國的遠古時代，也需要"世界觀"的視野，才會更明白真相。

中國人或任何人，從來都不可能自外於其他的人群的，小心別忽悠自己了。

現代的地球人，該有個更大的標籤，比"國家"、"民族"更大的標籤。畢竟都是智人老祖的後裔，不過是生長在不同的地域、背上不同的被教育出來的"文化"習性和意識罷了。。。

# 第二章、 三皇五帝與夏商周三代

文字符號發明之前，人類族群的歷史，依靠口述。口述的內容傳不傳的下來，一靠前輩口傳下來的故事，二靠當時人們對事物的理解，三靠講故事的人的記憶、口才、情感。

傳統中國歷史記述四、五千年之前的事情，跟人類其他族群一樣，充滿許多神話與想像的傳說，傳達模模糊糊的信息。

2 千多年前，當司馬遷寫作第一套中國通史（史記）的時候，他當然無法求證傳說裡的故事內容的真確性，司馬遷只能根據他能收集到的傳聞，比較系統地把沒有文字記載之前的歷史傳說，整理成文字。實際上，在司馬遷之前的 1 千多年裡，許多當年的"知識份子"已經記錄下各種傳說，分散在各類文書裡，給司馬遷提供了些許判斷的依據。

西漢中期之後（西元 1 世紀左右），那時候的中國知識份子已經懂得比較科學的文獻考據方法，其實就是下死功夫去做資料的統計和對比，包括中國文字的演變，因此還原了許多古籍經典的原來面貌。

司馬遷記載的三皇五帝和黃帝，現代人迄未找到任何物證，無法證實黃帝或神農或伏羲，到底存在或不存在…。我們當然不能批評 2 千年前的歷史記述者不夠精確，這跟嘲笑古人不會用電話一樣荒謬，那時候，他們還不懂考古發掘。

人們曾經一度懷疑夏代和商代的存在，但 20 世紀之後的考古發掘，卻證實了史記裡頭商王朝相關的大部分記載。對夏王朝的考古發掘，仍在繼續，確定夏代的存在，只是還未能確定夏王朝都城的位置。夏、商、（西）周三代的文物已經出土很多，許多事件的確切年代還未能完全肯定，主要是不知道那時候古人紀年的方法，但估計誤差應該也就是 50年以內，對大於 3 千年前的史料求證而言，OK 的。

2 千年以來，中國人就懂得考據，並且懂得收藏古董，卻始終沒有發展出考古學。這跟英國李約瑟提的"中國人為什麼只有科技，沒有科學？"是同一類的課題。

西元前 770 年，西周王朝東遷之後，叫做"東周"，中國實際進入"城邦"時代（春秋戰國），文物、記錄、書籍，相對留存較多，年代確切，史料也豐富。

但東周之前的中國人的歷史（三千年之前），記述模糊，我們需要跳出傳統史書的框框，以現代考古的眾多發現為主，重新描繪這段遙遠年代的中國人的歷史：

# 農業文明在中國的興起　約 9000 年前

智人老祖們，千辛萬苦，先先後後落戶到了中國大地，擴散及於相當遼闊的土地上。到了 1 萬年前左右，各地站住了腳跟的東亞老祖後裔們，明顯感覺到氣候暖和多了，那時在沿海生活的，必定感覺更強烈，因為海面不斷伸進陸地，就是那時期的“海侵”現象，地球暖化唄，海平面比從前大概高出 150 米。（我們需要懷疑，人類真有這個數量級的力道，讓地球暖化？恐怕是資本化的大企業或政治炒作。環保，絕對應該，但扯地球暖化，或許未免高估“智人”的能力了）

那時期地球暖化的影響，實質上影響了人類文明演化的過程，因為農業依賴水土與氣候。比如：

① 今天的華北平原，是遠古黃河長期沖積、填充出來的黃土平原。

② 野生稻種向北方分布的延展，顯示那時氣候變暖、地球暖化的趨勢。

47

實際上，1萬年之前，現在海南島和兩廣、越南"北部灣"之間的海域，那時還是直接聯結的陸地。而"北部灣"更是黃標分支到中國的"百越"基因的源點。邏輯是，智力的演化，需要人群數量大到一個程度，數量級有了，概率總會帶來量子飛躍的機會。人，是群居動物，很需要相互"腦力激盪"的。而老天爺給的暖氣候，帶來了機遇的時間點。

直立人與尼人的群落，估計，始終沒能壯大到超過100口的門檻，這，或許才是他們滅絕的直接原因。靠腦力謀生的"人"，碰到了瓶頸：智力開發，需要人"群"。群落口數不漲大，智力發展會相對遲滯。

海侵，當然不是瞬間發生，是連續數千年地球升溫的結果。這結果，當然也不會僅只反映在海平面上升這個單一現象。全球氣候一定相當詭異，至少不是那時段各地老祖們習慣的，或他們被教導的、被傳說的那種氣候，氣候變得更潮濕更多雨，雖然植被與獵物更充沛，但暴雨、山洪，大概犧牲了不少老祖們。於是，又一個幾乎全球同步的人類現象發生了：洪水，對洪水的恐懼，深烙在人類許多族群的神話與傳說裡。。。

總比冰期要好，智人的基本裝備，大腦，1萬年之前那段時光，似乎不約而同地發了酵。估計，好日子必定帶來族群人口膨脹，每個群落的口數也增加，也許達到千人的數量級。人群所需要的人際溝通與協調更加頻繁，刺激前人的智力，技藝、語言、組織、管理、計畫、算術、等等，軟體能力，無疑大大增長。語言強化了溝通，等於把眾人的腦力聯網、積分，工藝的學習與傳承，更加容易，出現了半定居或定居的聚落，發展成為後來的"文明城邦"。智人，終於來了個量子飛躍。

目前中國最早的聚落證據，有9千多年歷史，出現在**湖南澧縣彭頭山**（在湘北，洞庭湖周邊，見下圖），距湖北、四川不遠。土台與環壕的聚落地，有住屋柱洞、大量人工栽培的稻穀、以及墓葬遺存，還出土了編織的蘆席和**陶器**，並且出現馴化的牛、豬、雞家畜。這些都是原始農業、定居部落的表現，大量野生獸骨和野果採集的存在，則表示，邁向農業的過渡生活，仍然有濃鬱的拾獵痕跡。

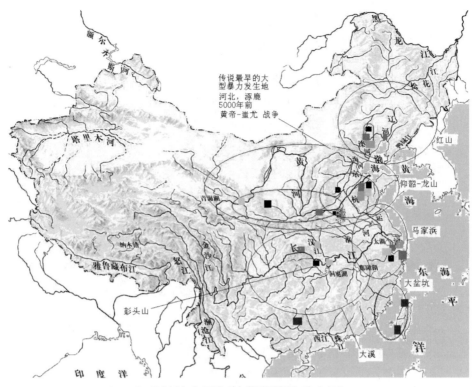

4－9千年前中國初始農業遺址分布圖

■7-9 千年前，■ 6-7 年前，■ 5-6 千年前，■ 4-5 千年前，

● 河南商丘-安徽亳州地區，■5-8 千年前，東南的繩紋陶器文化

上圖也標示9－4千年前，原始農業在中國大地爆發的情況。遺址太多，只標示代表性地點，實際是地區，因為人口會增長、流動，自然地擴散到鄰近區域。這時段正是中國人群從拾獵生存轉型到農業社會的時段，也就是司馬遷記述的 "三皇五帝" 時代。別忘了，司馬遷雖然忠實於歷史記述，限於當時他能活動到達的漢王朝領地，他能聽得到的傳說，主要也就只限於 2000 年前黃河流域的老農口口相傳下來的故事。

同個時段，土耳其東部，**安納托利亞**的恰塔霍裕克地區，Catalhoyuk（在西亞古文明**兩河流域**的上游）也發掘出人類最早期的村落遺址。

49

西方老祖也經歷類似的，從拾獵邁向農業過渡時期。只不過，他們種大麥、小麥，家畜為山羊、綿羊。

　"定居"，"農業"，顯然需要先決條件：除了煮食必須的**陶器**之外，還必須有馴化了的動植物。這，又是個漫長的摸索，需要許多代的前人做好預備的鋪墊，而上一章已提到，湘桂贛的前人早已開始人工栽培稻米。西亞兩河流域的前人，也是在大約 1 萬年前馴化了動植物的，而野生小麥的原型還是中亞來的（顯示：人類最早的種植，也許發生在中亞的"綠洲"地區，並且，也顯示：歐亞大草原，一直是通的）。一旦"農業化"，東西老祖們很快就懂得開發灌溉管道。

華南的稻作、華北的粟作，是人類適應氣候與自然生態的結果。而稻文明實際是中國大地最早湧現的文明，比黃河流域的粟文明早千年以上。

農業，是萬年前人類的"高新科技"。標誌著我們智人，與所有前人真正分道揚鑣，跟**石器拾獵時代**的生活告別，進入定居的**陶石農業時代**。相隔十萬八千里，亞歐洲老祖們，同時邁向農業定居，巧合嗎？當然不是。

農業起源，不單亞歐洲同步，即便在中國大地，南北方也幾乎同步：7-8千年前這時段，河南（鄭州、洛陽一帶，**中原**）、陝西（南鄰四川的漢中，**關中**）、河北（邯鄲，冀晉豫交界區）、山東（魯東的淄博，**後李**、**大汶口**），都出現原始農業，粟作，家畜有豬、雞，甚至有馴化的鴿子。這些，就是後來黃河流域中下游的古老文明。

浙江**杭州**南邊，蕭山**跨湖橋**，出土人工稻作穀粒，有 8 千年歷史，獨木舟，更在 9 千年以上。實際上，寧波到杭州之間，比如，**紹興**嵊州，也有 9000 年前的聚落痕跡，隨後的 1 千年，附近的寧波、嘉興、杭州（**河姆渡、馬家浜、良渚**）湧現的，已經是相當成熟的農業部落。這些，連同湖南的彭頭山地區，就是後來長江流域中下游的古老文明。

要想像那時候的科技"交流",比如,派人到彭頭山學習,或彭頭山派人到華北各地傳授經驗,那是不靈的,這些老祖們,甚至不知道彼此的存在。如果是彭頭山的人擴散到華北,更加難以想像,先要適應氣候、還要馴化粟種,那時的 1 千年不夠用啊。

農業"高新科技",居然遍地開花(印度也有份),絕無專利費可拿,因為必須各自開發種植的、豢養的東西。如此這般"巧合",還是老話:人道是天道的一部分,人性中的理智,是共通的,老祖們遺傳下來同樣的腦袋瓜,各自把智力演繹於身邊的應用罷了。

中國初始農業的遺跡,現代考古發掘,大致標示為 5 大"文化圈",代表 5 千年之前平行發展於中國各地的農業文明。(考古界的命名,通常,率先被發掘的地點沾光,年代更久遠而被發現較晚的地點"吃虧",但這些僅只是標記而已):

仰韶-龍山文化圈,黃河中下游,種小米類,粟作為主,西邊也種稷黍。

馬家浜文化圈,長江下游,環太湖流域,種稻類,多粳稻("大米")。

大溪文化圈,長江中上游,兩湖、川、贛,種稻類,多秈稻("在來米")。

紅山文化圈,遼河上游,特殊的玉器文化,拾獵為主, 6 千年前也種粟。

大坌坑文化圈,東南沿海,特殊的繩紋陶器文化,但 5 千年前即開始消亡。繩紋部落,或許跟棕標有關。後來發展為幾何印紋陶器,影響及於南方各地,以江蘇南京附近的"湖熟文化"為代表,基本上,與北方彩陶平行。

這些早期文明,可以當作是**"你不可以不知道的東亞史前史"**的數據和印象部分。那時的氣候比現在暖和 5-10 度,但人們還沒搞清楚地球溫度這方面的規律。

從遺跡分布圖上可以看出來,5 千年前的代表性遺址(粉藍色標示),不復出現於紅山與大坌坑區域。換言之,4-5 千年前的這個時段,發生了某些歷史事件,促成了此後相對一致的"中國特色"。但,一段時間的空白，並不表示滅絕，因為他們在隨後的 3-4 千年前時段，以更精良的形式呈現，比如，繩紋演變出各式幾何印紋陶器，廣布及於幾乎整個長江水域。

根據考古界對遺物的比較和考證，4-9 千年前的中國大地發生了許多演化事件：

（一） **黃河下游**，山東，**龍山文化（大汶口文化）** 在 6-8 千年前大行其道，大汶口彩陶輻射狀傳播到了晉、陝、豫、鄂、蘇淮、遼東。上圖（仰韶-龍山）大圈內、靠右的小圈即大汶口文化區。

代表作：（a）6000 多年前，開始了夫妻合葬，確證進入父系社會，
　　　　（b）多座 5-6 千年前城址，城、郭、壕、門，形制明確。
　　　　（c）陶、玉作進入專業分工階段，薄黑陶工藝達到極致。
　　　　（d）大汶口（龍山）彩陶紋飾，迅速流行到河南的仰韶文化圈裡，並散布南北，成為當時的文化"時尚"。

大汶口文化，按年代依次為後李、北辛、大汶口、龍山。

淄博，**後李**陶釜　　　泰安：　**北辛**陶器、　　　**龍山黑陶**、　　　**大汶口**玉器

泰安：　典型的**龍山彩陶**

（二） **黃河中游**，河南，7000 年前開始，**仰紹文化**盛行，受到大汶口
文化影響的彩陶，更向西傳播到了黃河上游的甘、青，在那裡
（馬家窯，4500 年前），彩陶文化達到極致。隨後，彩陶整個 "產
業"，消亡。這是個拼出中國上古史的重要線索。（仰韶-龍山）
大圈內、靠左的小圈即仰紹文化區

代表作：（a）玫瑰花瓣藝術化的幾何圖飾，是華山腳下、中原 "華族"
的標記，華族的各個氏族都有自己獨特的花紋
　　　　（b）至遲 5000 年前，開始出現文字符號雛形，
　　　　（c）墓葬的規制與陪葬品，差異太大，開始出現社會等級。

仰紹文化，按年代依次為裴李崗、磁山、仰韶、廟底溝、馬家窯。

河北，**磁山石磨盤**　　河南，**裴李崗陶**　甘肅，**大地灣**彩陶　　河南澠池，**仰韶彩陶**

河南陝縣，**廟底溝**彩陶　　甘肅臨洮，**馬家窯彩陶**　　**馬家窯**彩陶上的文符

（三）　**長江下游**，浙江，環太湖流域，7000 年前開始，**馬家浜**文化大放異彩。這地區跟早期山東的發展類似，比較集中。但至遲 5000 年之前，影響力也擴散到了蘇北。蘇北、皖南是馬家浜文化和大汶口文化的融合區。

代表作：(a) 6000 年前，就開始了榫卯結構的木造建築，成為木工規範，
　　　　(b) 建立玉帛文化基礎。手工業發達，已經有紡織、漆器，精工細作，蟠螭紋飾後來風行全中國，成為典範，
　　　　(c) 陶器的鼎、豆、盃，玉器的琮、璧（禮器），也成為典範，
　　　　(d) 築城不如大汶口文化。但排水、灌溉的佈局嚴整。

馬家浜文化，按年代依次為河姆渡、馬家浜、良渚。

餘姚，**河姆渡**豬砵　　　紹興，**馬家浜**陶鼎、豆　　　杭州，**良渚**黑陶

**良渚**　：石刻紋飾、　　　**玉琮**　　　馬家浜：鏤空黑面陶、　玉玦

（四）　**長江中游**，湖北，**大溪文化**，實際從稻作源頭的彭頭山開始，
　　　　這地區文化擴散較慢，但也在 5 千年前鋪開到了四川（成都平
　　　　原）以及兩湖、江西。陶器明顯受到大汶口文化影響，但薄胎
　　　　素陶，甚至僅只 1 毫米厚，當然，也有自身的特色。

代表作：（a）連根拔起、鋪開晾曬的稻作收穫方式，當時是"行業標準"
　　　　　　馬家浜文化區也類似操作，
　　　　（b）有專業捏陶塑小動物、小人物的作坊，也雕刻類似的玉作，
　　　　　　用作祭器與葬器，有明顯的"巫風"。

大溪文化，按年代依次為大溪、屈家嶺、寶墩。

川東、鄂西，典型的**大溪**彩陶　　　　　　湖北，京山，**屈家嶺** 陶紡輪

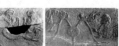

屈家嶺：　陶甕、　　　　小陶塑像　　　　四川，成都，**寶墩**彩陶印紋

（五）　**遼河上游**，遼寧、赤峰、科爾沁草原，**紅山文化**，其實是 6500
　　　　年前，在已經積澱幾千年的原始宗教上，發展出來的玉石文化。
　　　　那裡的玉器，做為祭器與禮器，主要是為祭師和族群的上層服
　　　　務的。在原有的管理人裡出現祭師，在拾獵人群裡頭出現治玉
　　　　匠，顯示那個社會的分工與分化，組織力無疑是增長的。

代表作：（a）雄偉祭壇，大型人面陶塑，陽具崇拜，

（b）祭師或領導人的大墓葬，

（c）"龍形"玉玦（大"C"字形玦，大開口的一端帶
馬、豬等動物頭型，另一端刻意做成各式尾巴形
狀），而同時期中國內地的玉玦，都是簡單的在
玉環上開個整齊小縫口。

（d）把玉用做飾物，比如，耳環。

辽宁，赤峰，**興隆窪**的玉玦、印紋陶罐　　**牛河梁**的彩陶

牛河梁彩陶　　　　C形玉"龍"　　　　牛河梁陶塑人面　　　　豬頭玉"龍"

自古以來，通古斯諸部（鮮卑、蒙古等部落的先祖）在科爾沁草原游牧，
什麼時候開始有了薩滿信仰，沒有人知道。但是，現代人知道，"薩滿"
這稱呼，北美印第安語與通古斯語，都還是這個音與意，"跳神之人"
的意思，也就是祭師，可以跳入神界的通靈人。而亞、美二洲的這兩支
親戚，至少分支了 1+萬年！

薩滿信仰，崇拜祖先與自然（萬物有靈，山、水、湖、林、風、雷等等，

各有神靈），純粹是老祖們的原始宗教觀，不完全算是個宗教。所有崇拜祖先與自然的，加個任何形式的通靈的人，就是"薩滿教"了。歐亞大草原中亞以東、北歐、中國西南，至今仍有許多信仰薩滿的部族存在。

所以，紅山文化，在靠近冀北的科爾沁南端發生，是個奇怪的異軍突起。紅山文化擴散到遼河出海口，那裡的出土文物，有半農半牧的特徵，已經具備大汶口的元素。多半是兩者的混同（包括血緣）。

農業文明在中國各地爆發，這狀況的背後，我們必須記住，人類從 1.5 萬年前的**石器拾獵時代**，過渡到 9 千年前的**陶石農業時代**，本身也是對逐漸暖化的環境的一種適應與演化。在相對成熟的農業來臨之前，以當時群落人口的數量、裝備、積蓄、知識、組織，長征式史詩般的、有移民意識的遷徙，是不會發生的。這是漫長的探索與積累的歷程，很容易就超過 100 代的生命，從某一點開始、慢慢地填滿周邊、繞過障礙、向四面八方擴散。

## 傳說的三皇五帝與黃帝時代　　約 5000 年之前

前面說過，古老文化圈的命名，有點隨機，方便討論而已。比較中國各地區的出土物證，農業文明伊始，多樣性就無可否認。既然農業化了，人群生活在更加固定的空間範圍裡，族群之間發展出差異性，理當更為明顯。但是，上述幾個古老文化圈也有明顯的雷同或彼此借鏡的地方。是物流的交換或交易、還是人流的擴散與融合，所造成的？或者都有？或者。。。？？？

這就回到了司馬遷為中國人記述的歷史源點，主題：傳說中的"黃帝"。

首先，太史公司馬遷很聰明，把"黃帝"之前的事，淹掉不談。全世界都不很清楚，5 千年前至 1 萬 5 千年前，老祖們發生了什麼變化？現代人只知道，似乎 1 萬年前，突然就有了全球遍地開花的農業。

蓄積這個演化事件的過程，表現於老祖們的“定居”。類似萬年前湖南彭頭山（或土耳其東部，安納托利亞的恰塔霍裕克地區，Catalhoyuk）的定居或半定居處所（硬體），是古人從拾獵到農業的具體反映，群落的技藝、組織、制度等相應軟體，無疑必定點點滴滴地積累著這種轉變。演化，不會在毫無基礎的情況下，憑空發生。

定居，是農業文明的必要條件。

定居下來的群落，一開始自然還有拾獵的習性（比如，母系社會），繁衍增殖嘛，就分支、擴大成母系血緣的氏族群落。擴大的人口本身就會刺激智力的使用，演化出更系統化的的語言表達，以及，更結構化的組織效率，以確保群體的生存。定居領域的漸次擴大，距離的區隔，自然使得相對固定的族群迅速凝聚為具備個性的各個部落。

部落內部的凝結劑，來自適存的生活習性所產生的制度與規矩，比如，分工與分配、選擇頭領的方式、圖騰徽號等等。一開始的時候，地球人少，容易增殖分支，擴散到附近的群落之間，習性差異不會太大，使得部落聯盟相對容易實現。黃帝部落出現之前的漫長的演化過程，太史公自然無從得知，現代人也只能按理推測。

其次，太史公筆下的黃帝，看來看去，似乎只做了件偉大的事：入主中原（先聯合炎帝打敗蚩尤、後又打敗炎帝），所以，後代中國人，都成了“炎黃子孫”。他擁有中國人“祖先”的光環。是“政治”話語嗎？黃帝，或黃帝部落，其實也像是中原的征服者。

“征服”，是用現代的“意識”來形容的，以 7 千年前的現實來說，部落的人數，大不到哪裡去，黃帝部落擴散到中原，跟原住民血腥摩擦，以及，融合，必定是平行進行的。

每個族群當然都有祖先，這並不奇怪，叫做"黃帝"也無妨。我們只是想搞明白些，查無實據、事出有因的"打敗蚩尤"、"逐鹿中原"，是真有其事？其事又如何？

"三皇""五帝"的稱號，是文明以後的後人為了紀念、感恩那些給族群帶來實質貢獻的老祖們而加的尊稱，比如，女媧氏（婚姻）、有巢氏（建房）、伏羲氏（網漁、八卦、結繩記事）、燧人氏（火種）、神農氏（即炎帝，稼穡、中藥）等等。這些人物，僅只是一個象徵性的存在，5000年前當時，人們並沒有"皇"、"帝"的概念。

黃帝，軒轅氏，有熊部落…，他被尊稱為"帝"，最可能是因為他帶來了輪子。軒轅嘛，是輪子、車具，而輪子與馴化馬匹確乎是5千年之前，草原族群的發明。熊嘛，大概是黃帝部落的圖騰，也符合草原上由拾獵發展為游牧的規律。（古埃及人5000年前就造了大金字塔，沒輪子，直到4000多年前，挨了游牧民族的揍，才學會用輪子。美洲印第安人，更直到16世紀才學會用輪子）

輪子與馴化馬匹，是草原部族的"尖端科技"：機動性，"游"牧。

游牧民大多沒有文字，歷史記述的"話語權"操在全球農業文明族群手上，以至於草原的故事不大為世人知曉。對喪失機動性的農業文明來說，這是神祕、來去如風的一群人。東西方對游牧民的記述，大都一樣，"不知所起，莫知所終…"，而東西方的人史，卻始終跟草原密切關聯。

有限的記述，隱隱約約指向黃帝跟草原部族有所關聯。

既然找不到黃帝和三皇五帝的物證，我們只好檢視一下5000±年前的其他出土文物，邏輯推看5000±年前的中國大地是什麼個"形勢"：（其實，就是總結上一節的5個文化圈遺跡的內涵，順便推理人史5000－15000年前的空白）

（一） 共通性（全球一致的）

（a） **定居農業**既然是當時的高新科技，相應的社會軟體演化：
原始母系社會變成父系氏族社會，各種技術分工，器械
專業化，交易經濟與私有資產（生活和生產用具），等級
化的社會組織（頭領、祭師、庶吏、民眾），禮儀與管理，
奴隸（把人當成生產工具），等等…，中國各地都出現
了。過程跟地球上的其他人群沒有什麼不同。

（b） 硬體上，**寨堡、城池**，是最主要的特徵，反映出 **"防禦"**
的重要性。因為， **"私有"** 了嘛，要防備其他人群的**掠
奪**了！換言之，人際掠奪開始了。中國這時候，各地區
內湧現許多同質性相當高的聚居群落，大致也就是血緣
相近的氏族**部落**或**"城邦"**。這也跟世界各地同步。

（c） 暴力，無論私的、群的，都長速驚人，反映出 "組織力"。
這時，各地已經出現殘酷的 "人殉"。

（d） 祭祀，無論是祖先崇拜、自然崇拜、神靈、巫術，顯然
是各地區人群演化上的必需品（也許是人群感情、統治、
知識、組織等的需要，所促成的一個早期人類習性）。但
不知怎地，中國人卻始終沒有發展出一個宗教。倒是，
玉，做為祭器、葬器、禮器，廣泛流行。

又是巧合吧，上述的前三項，中國各地的發展，跟當時的古西亞（兩河
流域、伊朗）、古埃及、古印度，如出一轍。人際暴力在西方的增速，
絕不在中國之下，5000 年前那時的埃及，已經開發出了文字系統，以及，
宗教。那時西方已經存在更有組織的掠奪與戰爭，城邦或城邦集團已經
形成 "國家" 機器，開始了制度化的集群暴力。這（d）項，就成為真
正的 "中國特色"，直到今天。

（二） 個性

黃河中下游的《大汶口-仰韶》文化圈，散布及於相當遼闊的黃河水系，彩陶文化延綿了幾千年。色彩、圖案、樣式，在文字系統還沒有成型的時候，成為黃河流域各個族群的徽記，甚或是祭祀用品。考古發掘的完整彩陶，大多是如新的大件，常伴隨墓葬的痕跡。實際上，更多的顯示，黃河流域古人用彩陶所隱約表達的宗教觀、生死觀、藝術觀，以及，儀制。而彩陶的系統性和一貫性，顯示：黃河流域已經形成一個獨特的彩陶文化體系。

長江中下游，環太湖的《馬家浜》文化圈（從寧波的河姆渡以迄杭州的良渚），以及，川鄂湘的《大溪》文化圈（也許可以從湖南澧縣的彭頭山算起），那時也已延綿了幾千年，長江流域古人明顯有巫師統治的特徵。《馬家浜》文化圈更已使用玉石做為祭器或禮器。

遼河流域的《紅山》文化圈，玉石祭器、禮器，異軍突起。

但這些古人的文化，似乎都在 5000±年前的時段，戛然轉折。也許是，發生"黃帝事件"，促成後來中國的歷史，逐漸轉化成今天的模樣。

（三） 遷徙與擴張

南北各個文化圈的農業科技，勢必引發人口膨脹，而私有制對人性貪欲的刺激，引發更多的人際、群際摩擦。人性裡的暴力面，不斷升級，戰爭是遲早的事，城池的興起，更直接是鐵證如山。

史書記載說，炎黃集團，打了多次敗仗，才辛苦險勝蚩尤（大霧中靠指南車引路）。但，決戰於河北涿鹿，顯得非常不合邏輯，無論蚩尤是西南苗或南蠻，都不大可能老遠跑去北方那裡找黃帝部落打群架。莫非，蚩尤是比較靠近的，山東和淮北的東夷集團？而炎黃組合的中原聯軍，中原城池比其他地區的簡易城寨更複雜，顯示出，中原族群更習慣於打仗作戰，當然，也就更習慣於掠奪。。。

史記的記述，人物與事件，可以是象徵性的虛擬，代表一個史前時代。史前歷史，是漫長的過程，不是一次大型的集群暴力可以說明的。黃帝部族的演化，是個長期的遷徙、開發、繁衍、擴散、衝突、融合的過程。

中國在 4500 年前的時段，還發生了司馬遷沒察覺到的一個變化：中原迅速從**陶石**過渡到**銅器時代**。

**青銅**器件最早出現於中國的甘、青，馬家窯地區，約當 4500 年前左右，數量不多。考古界努力發掘的夏王朝遺址，大致集中在河南洛陽東區，出土了一些 4100 年前的夏代青銅器。整個《仰韶》圈，甘、青、陝、豫、晉，也不過出土那時百件數量級像樣的青銅工具。雖然如此，但這是個標誌，中原開始掌握了新型材料技術，至少將大大推進武力（兵器）。實際，這時段，愛琴海東邊的古文明，安納托利亞、西亞，還有泰國的烏隆府，早在 5000-6000 年前已使用青銅器件，埃及、印度也在 4500 年前左右用上青銅器。甘、青的這些金屬器物從哪裡來？或許證明，東西方，一直通的，只不過，即使已經進入農業文明，仍需數百年的時間、透過歐亞大草原才通的過來。

現代學者統計，這時段，除了《仰韶》圈裡，連山東《大汶口》圈都幾乎沒有青銅工具。整個長江流域，完全沒有，零。【後來各地出土的青銅工具，年代早於秦代的，全中國有 7 千多件，屬於東周（2250-2800 年前）約 63%，西周（2800-3000 年前）約 18%，商代（3000-3600 年前）約 18%。商代青銅工具本身，50%集中在豫陝（中原），30%集中在湘贛鄂

（因為這裡有那時的銅礦）】。出土的夏代青銅器不多，約 4000 年前以內，但對夏代的挖掘仍在持續進行中。

說明了什麼？那時，青銅太寶貴，當然，做兵器、禮器優先，只有能搞到銅礦石、又知道怎麼冶煉、怎麼鑄造的，才可能應用於工具製造。

這應該才是中原地區迅猛發展的真正原因，**銅石並用**，當然比**陶石並用**更有效率，這是當時的 "核心競爭力"。連正旺盛著的甘、青彩陶，也快速消亡。何況，"黃帝" 部落還帶來了輪子、馬匹，地面上的機動性比較強。

儘管史記的傳說記述，實情模糊，倒也透露了一些玄機：
比如，**黃帝**部落，做為中原盟主，曾經強力消除 "巫" 風，傳說是黃帝後代顓頊幹的。真有沒有這個人，不重要，**消巫**這事卻很要緊，塑造了後代中國人理智、現實的民族性。祖先崇拜，禮制化為各種 "祀"，祭祀的對象，都是人群需要感恩的象徵：帶來生命的天與地與日月風雨、帶來生活的三皇五帝，等等。自然崇拜，則理性化為道家哲學，崇尚自然、無為。

老外看老中的基本宗教觀，根本是理性化的薩滿信仰嘛。老外崇拜神性，老中講究靈性；老外渴望人格昇華為神格，老中相信靈本自有、人以靈而通。

後來的發展，祭師、僧侶、教士，很早就從中國統治體系中消失了。

既然中國人自稱 "炎黃子孫" "中華民族"，或許應該認識到，黃帝部落很有可能是中原古老族群的第一個征服者，即使從史記的記述，這個可能性也存在大大地。雖然混同了，啟動過程未必不血腥。消巫效果倒不錯，至少此後中國從未發生 "宗教戰爭"，老外就鬧到現在，還在鬧。但，**"祀"**（祭祀，在中國卻不全是宗教）與 **"戎"**（武器、軍事）成為傳統中國政治的大事，說明了什麼？祀與戎，直接涉及，統治方式。

又比如，禪讓這回事，**堯**帝從部落民中選賢與能，挑出**舜**，觀察、培訓，最終把兩個女兒嫁給舜，還讓他接手當頭頭。這只能發生在原始部落集團，那時私有制還沒大行其道，人群組織還很鬆散，還沒有形成專制權力結構。頭領或盟主的權力，有，但不絕對，何況，那時群際溝通也困難，召集一個會，信使往返，沒十天半月的，人都到不齊。那時，江湖盟主興許是件苦差事，沒太大 "好處"（私有制還不突出），禪讓給別人當當，很自然，不是現在想像的什麼 "民主" 或 "偉大"。

另外，全球各地很早就出現人殉，從自然狀態下的人性來看，殺俘或殺奴來做人牲（俘與奴，非我族類的可能性非常大），這比較容易說得通。黃帝族群戰勝蚩尤族群的事件，可能是政治話語的煙幕彈，掩蓋的主題也許是，戰勝炎帝族群，進入、並統治中原，時間自然應該是夏王朝開端之前，早於 4200 年之前的某個時段。

至於，漢代之前，所有 "史" 料，都缺乏周邊地區的記述，無需諱言，那時都還不是 "中國的"，"蠻荒之地"。文明與歷史，非常人性化，先來後到，很不經意地流露 "自我" 中心。"史記" 寫的，本來就是以中原為核心的 "中國" 史，那時候的前人，照顧自己那一畝三分地已經來不贏了，哪裡有工夫去知道四面八方遙遠地域的事。

黃帝的故事，最現實的數據，也許來自現代基因遺傳學的貢獻：漢族（或華夏族）的基因，來自羌漢分支。古羌族群，在 8000 年前左右，才分支出 "漢族" 基因標記的族群，他們向東遷徙，進入了黃河中游，散布在華山腳下的四周（西安到鄭州之間），開發了農業（或征服、融合了已經生活在那裡的人群，比如，炎帝部落，吸收了他們的農業技術），擴大化的黃帝部落，成為 "華夏" 族群的前身。

華人（或漢人）的華夏文化（中華文化、或漢文化），是黃河流域諸多早期粟作農業的族群與文明，長期融合、發展的結果。

蚩尤,可能出自江淮平原的《"東夷"(大汶口)+"南蠻"(馬家浜)》文化圈,傳說裡的蚩尤部落,像似會使巫術,傳說的黃帝部落則比較喜歡女薩滿,而南方確實更有"巫"的傳統(比如,這時段的太湖"良渚"部落,巫風就很盛)。

這些推測,當然不能證明黃帝或蚩尤的存在,不過是邏輯上可能的圖像罷了。並且,邏輯上,三皇五帝即使不存在,但一定存在過第一個解決住房、種植、縫織、取火、算術的人吧。同樣,黃帝即使不存在,但也一定存在過第一個強力、有效帶領族群的頭頭吧。而蚩尤即使不存在,族群之間的競爭摩擦也一定存在過。

史記的記述、老百姓的傳說,不過是把一個漫長的歷史過程,簡化、濃縮到一個形象化的故事裡罷了。事情,倒是有的;神話,不可信;細節,不可考。

5000 年前的"三皇五帝"或"黃帝"時代,應該是萬年數量級的、古人歷史的濃縮版,籠統、神怪地敘述部落社會的演化故事。考古數據嘛,我們只知道,到了 4100 年前,夏王朝成立那時,農業早已深植中國大地,生產力大大上升,各地人口必然增長到業已形成眾多部落的地步。農業對水源的依賴,全世界都一樣,防患洪水、灌溉分配,兩件大事都需要更大數量級的組織與管理,才能解決技術開發、規劃實施、仲裁分配等等具體問題。部落,原來的血緣或文化圈,鬆散連結,這時已經不夠。

人群社會已經蓄積足夠能量,部落聯盟終將固化為國家機器了。
固化劑便是權力制度,一套強力維持組織、管治、分配、教化、秩序的有效制度。

# 夏商周三代的故事　　約 4100 年前－西元前 771 年

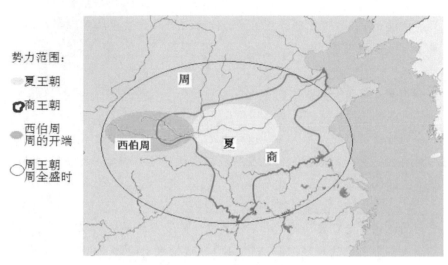

勢力范围：

夏王朝

商王朝

西伯周
周的开端

周王朝
周全盛时

夏（約 3600-4100 年前），　商（約 3100-3700 年前），
周（西周，約 3100 年前-西元前 771 年）

20 世紀至今的考古發掘，使我們瞭解到，萬年來的中國大地，一直存在著很多區域與部族的文明。只不過，黃河流域，從陝、甘到豫、魯，早在 7000 年前已經開始了混同的過程，就是《仰韶-大汶口》的粟作文化圈。文字歷史當然無法確定黃帝部落的淵源，但陝西東南部分（後來的“關中”），跟河南南部（後來的“中原”）之間的相互影響是明顯的。傳說，不全是無稽之談。話語，則不可盡信。

可以確定，5000 年前時段，中原與關中，豫、陝、晉的黃土高原地區，已經演化出相當同質性的部落，他們之間的文字符號、語言都大體相近，只有彩陶展示的族群徽記不一樣。夏、商、周，其實是黃河中游的三大部落集團。政治上的糾葛，頭領的野心，使得他們先後成為中原的“三代”，3 個前後連接的朝代。實際，是華夏（關中與中原）裡的“三國”，3 部國家機器。

文獻記述的傳說，**黃帝**數傳之後，**堯舜**禪讓，**舜**不是黃帝親族，舜又傳給也不是他親族的大**禹**接班為集團盟主，禹死後，大家公推禹的兒子，**啟**，繼位。這裡的"大家"，是有資格去開會議事的人，也就是集團內各個部落或城邦的頭領。從此父死子繼，成為中國大地上的、有國家制度的、第一個王權世襲的王朝，夏王朝。（把"國"的統治權，當做"家"產，財產私有，可以繼承，所以，叫做"國家"。"封建"，另有含義，下面再敘）。人類國家機器，都以王權專制世襲開端，當時是力道最強、時效最長的固化劑。

中國大地，終於出現了第一部"國家"機器，名字叫"**夏**"。夏國的地盤在河南，華山周邊那個彩陶文化的"華"族的活動範圍。

中國 ＝ 華夏，就此叫開。

夏王朝最早的都城，可能在洛陽附近的偃師-登封地區，考古界還在努力發掘夏代文物。目前，大致已可確定歷代夏王的名字，含蓋 3600-4100 年前的時段。雖然物證鏈有許多斷隙，但證實了中國人可考的歷史，約 4100 年。

歷史長短，無須比拼。古埃及、古西亞王朝，少說也得 5000 年前，是留在那裡的老祖們的後代創立的。古中國，是擴散到了中國的老祖們的後代創立的。各自適應了當下環境、演化出不同的生活文明，如此而已。這些上古文明之間的溝通，並不存在，沒有誰 PK 誰的問題。

世界各地的文明創始，依稀雷同的軌跡，主要靠的智人的共性：腦袋瓜裡的智力、理性與情感。前面提到過，北美印第安族群和歐亞草原老祖們，先後大約 1 萬年前才分的支，薩滿信仰還勉強可說源於共同的前人。但，與歐亞隔絕萬年的北美族群、以及撒哈拉南部的西非族群，4000 年前也農耕、陶作、人殉、蟠螭或種種藝術紋飾等等，絕對是獨立自主開發出來的。我們實不必驚訝於人類族群間的太多"巧合"，亦不必太過強調彼此的不同。

反倒是，首先，我們還是需要認識到，那時的夏王國，能夠指揮、號召的，也就限於河南、陝西的華夏地區。地區內有許多城邦與聚落“諸侯”，不會少於百個。這些諸侯，理論上聽命於夏王。王城，應該是當時黃河流域最大、最繁榮、人口最多的城市，宮殿之所在。這地區的出土文物，也反映出 4000 年前一個比較先進的華夏文明：簡單說，洛陽附近出土的是，迄今所知，中國大地最早的宮城、最早的青銅禮器群及鑄銅作坊，以及最早的車轍痕跡。在一個墓葬裡，還有鑲嵌綠松石的龍形陪葬物。

“龍”圖騰，是中國人的敏感話題。按年代次序，比夏王城這個龍形的遺物更早的，在河南濮陽（離河北不遠）的仰韶文化墓葬裡，還出土過蚌殼堆成的“龍”“虎”“鹿”“蜘蛛”陪葬物，比真人還大，有 6000 年歷史。遼河上游的《紅山》圈裡，始終沒有發現與中原類似形態的龍。據說，5000 年前紅山那裡的大祭壇的壇座周邊，是刻或貼的帶鱗長形動物，但發掘似未完成（無論如何，倒有可能是《仰韶》輻射的影響），雖然紅山的玉“龍”玦，年代也許有 5000 年，但馬或豬首、大開口的 C 形“玦”，簡潔的飄動感藝術，毋寧是游牧民的藝術表達方式。就這些證據來看，即使黃帝部落是遷徙進來的族群，“龍”圖騰，或許為中原故有。洛陽（夏）、商丘（商）或長安（周），也不是一天做成的，少不了這之前，千年以上的積澱。

由於沒有當時的文字記錄出土（夏代雖有卜骨，但無卜辭的刻畫），那時人們的生活，只能從出土的器件文物拼湊出大概。夏，已經是個相當

有組織的、制度化的社會，階級已相當森嚴。國家機器、統治階層的威權，已不容輕忽。分工的普及，顯示，交易已成為生活的必須。

夏王朝，人殉跟陪葬品的數量成正比，階級越高、陪葬越豐、人殉越多，所以，夏代是中國奴隸制形成的年代，反映了更多的集群暴力，消失的部落，大抵成為征服者的奴隸。（前述的兩座出現龍形物的墓葬，相距 2500 年，都有人殉的痕跡）。漸漸地，自由民也以奴僕殉葬。

征服與暴力，成為普及一個"先進"文化的方式，古今中外都這個德性，只能從人性基本面裡的陰暗面找出根源，絕對不可能是從埃及或西亞引進的。美洲先民的演化故事也充分說明了這一點。

龍形器物（圖騰?）

夏代字符：陶器上的規律符號

方格紋陶鼎

陶爵

青銅爵（酒杯）

青銅鼎和鑲坎了數百綠松石細片的獸面銅牌

69

公既暴力，私也跟著學壞。私的暴力，除了奴僕殉葬，也開始了拿妻妾殉葬的風尚。父系宗族之下，男性、女性間愈加不平等，女性淪為"財產"。人殉，要到3000年後才禁絕。

文明，因為組織嚴密、分工精細、智力集中、紀律嚴明，而突發猛進，不是嗎？

政治上，夏代的記述不多，開頭是神話片，結尾則是**商**朝話語，而商部落是滅夏部落的人，當然只會說：夏**桀**怎麼這麼壞，以落實"革命"有理。這需要從嚴認證，不就是兩個既得利益集團搶地盤嘛，而且還是文化比較接近的兩個族群。（**革命**，這詞就是大約3600年前，商湯造反時啟用的）

中原的夏商週三國，沿黃河自西向東並列，他們的共同點，除了粟作，便是"祀"的儀制：古早薩滿通天通靈的本事，被有"文化"（祭師與貴族，統治集團）的一小圈人壟斷了。中原早期銅器與文字的開發，主要做為通靈的工具（祭器、卜辭），實際成為統治階層壟斷通天通靈通祖先的媒介，藉著變形的薩滿信仰，驅使沒文化的人群服從。比如，祭器裡的大銅器，"九鼎"之類，就成為權力爭奪的目標以及"中國"的象徵，所以，才有"定鼎中原"這樣的詞語。

中國式文明，一開始，便跟西方分岔了：金屬與文字的創新科技，西方更落實到生產工具與交易流通方面。

西方文明源於種植小麥的西亞，比較乾旱，耕作粗放些，人力無需密集，群落分散於廣大地域，需要好使的工具，而有無的交易則需要文字與算術，以維繫分散的群落與城邦。中國黃土高原的中原，緯度跟西亞一樣，也乾旱，但黃河水源充足，粟作在細密的黃土地上，水土保持需要人力（灌溉 + 精工細作），人多，缺銅礦，石器也將就足夠，所以，很少以銅用於農具製作，石器一直沿用到東周的戰國時代，鐵器出現後，金屬工具方才大量取代石器。於是，中國的農業文明，無論粟作、稻作，一開始便走上人力密集的不歸路。"人多好辦事"，怎樣"人多"呢？從氏族時代開始，"男"就是"田力"，鼓勵氏族擴張，就更要多生育男丁。

三代到了部落、國家階段，統治階層的需要突出了文字的神祕性質，銅器則除了製作武器，專做祭器、禮器，成為征服與權力的象徵。。。整個夏商周"三代"，中國各地，不只黃河中原地區，銅陶石器並存，長達 2 千年之久。

除了考古發掘的物證之外，甲骨文卜辭是商代記述的第一手資料，但大多是記錄當時有資格問卜的人的身邊瑣事，而且是近代的發掘。史記關於夏、商的記述，多源自西周的"王室文檔"，**尚書**。尚書在東周流傳出來那時，"文化"仍是統治階級的壟斷，夏商在東周那時就已是千年舊事，簡略是當然的。尚書既然是周代統治階層的官方文牘，記述的取材和文字，政治性相當明顯，行文敘理，典雅不說，傳達的是統治的得失與教訓，大概是王族教育的"文史標準版"。"古為今用"，應該也多少反映了一些歷史實況。綜合考古發掘與研究，簡述較比可信的事例：

## 《夏》 約 4100-3600 年前

（1）　**大禹**治水，被廣泛、誇張地宣揚，一定是當時的重大事件。黃河歷來淤沙、排水不順，禹大概在今河南洛陽附近，成功地解決了當地水患。考古發現，4 千多年前，夏人開始從山坡地居住改遷到平地居住，並且進入鋤耕、渠灌、鑿井作業，真正利用了黃河氾濫帶來的沃土（古埃及人也依賴尼羅河的年度氾濫），使得農業產值與人口大幅度增長，夏王朝才得建立，且有餘糧釀酒。

治水，應有其事。不治水，人們是不敢往平地裡住的。

71

（2）　傳說治水的工具有，規、矩、準繩，合理的。夏代結束之前，建築（夯土打實牆、台）、紡織（以藍草染色麻布）、曆法（天干紀日）等，都已開發全套工藝。交易的貨幣，海貝為主（但卻是南海、印度洋的貝！）。甲乙丙丁這些天干符號，還廣用於王室命名。最後的夏王，就叫**履癸**（**夏桀王**）。傳說，桀暴虐，還寵幸美女**妺喜**，酒池肉林，這些，無從考證，不排除政治宣傳的可能。

（3）　政治上，傳 14 世、17 王，約 470 年。從大禹兒子，后**啟**，算起。

　　"后"是稱號，那時夏人叫他們的王為"后"，后啟、后羿，即啟王、羿王。其中，東夷的后**羿**集團把持政權約 100 多年（**羿**，就是那個拔弓射九個太陽的神話。）。羿之後，從東夷部落的控制中恢復夏王朝的是夏王**少康**，就是**"少康中興"**的故事，夏王朝也因此反過來控制了東夷諸部。那時，夏王庭裡，專職的巫、史官似未完全分家，但既然有記述的史官，應當已有文字，只是考古還沒發掘出來吧。

（4）　有輪子、車子，車軌只 1 米寬，大概是人力拉車，不像是馬車。

　　"**工**"是官方機構，銅作坊有陶範。王城至多方圓百里數量級，是個氏族部落聯盟國的共主，王廷雖養了專業部隊，但沒強大到中央集權，地方部落乾脆就地分封為諸侯國，實際是，承認地區勢力。納稅制度叫做"貢賦"，庶民耕 50 畝地納 5 畝地的收成**"貢"**，諸侯則**"賦"**（"服"的意思，史料的記述，都晚於周，用詞明顯是中原話語，實際，夏王庭只有對王城周邊執行強制收賦的實力）。有小規模的奴隸群，似乎只用作僕役與人祭。

# 《商》約 3700-3100 年前

（1）**湯武**革命，見於**尚書**裡的**"湯誓"**，是起兵誓師造反的、中國最早的**"標準"**文宣告示。湯武王，名**"大乙"**，商部落頭領，重用**伊尹**的政略，聯合其他諸侯滅夏。文宣內容，重點是**"天意"**，君權天授，跟西方所稱的**"神意"**差不多，但中國的**"天意"**有點人情味，天意，還反射**"民意"**，是部落聯盟時代的最佳政治創意：為政者要有德，以德取天下。給成王敗寇的歷史，鏈結了天上與人間的理性。

王權天授，商部落掉進自己的政治圈套裡，甲骨文出現**"上帝"**一詞，上天，成為自然與祖宗的綜合神格體，地上的王，自稱**"天子"**。祭祀，更赤裸裸地成為王權與神權混合的手段。

（2）貢納交稅制度，跟夏代類似，實際，諸侯的貢賦，全看勢力到達的程度。但，商代肯定已經讓華北吃上大米了，顯示，中原勢力已擴及長江。地域內的經濟與勞作，用上大量奴隸。銅、玉、陶、織等手工業的**"百工"**，是官方壟斷的**"專利"**機構。但已出現貝、玉等貨幣，估計是自由民行**"商"**，許多手工業商品的製造，成為農民的副業。王庭裡，**巫、史**官已分工，此後，巫官分工為管理祭祀（**"祝"**）、音樂（**"瞽"**）、醫療（**"毉"**），**史**官們則專門記錄與記述。

西元 20 世紀以來，出土十多萬件甲骨，據今人統計，甲骨文已累計到 4600 字以上，可辨識的只約 1500 個，另外，還有金文（銅器上的）。

可見，歷史也許沒有淹沒，商史還需靠商甲骨文修復原貌。近年來，周部落故鄉，陝西岐山地區，也發掘出萬件數量級的周代甲骨，修復周史相對容易些，因為現代中文已經跟周代文字相近。

估計，夏代應該也有相當成熟的文字（人們尚未發掘出來）。夏商周的文字演化，形成獨特的中文系統。

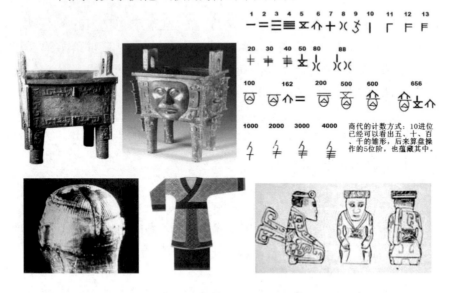

（3）　社會上，財產私有制形成了大奴隸制，貴族擁有眾多奴隸，祭祀與墓葬的人殉數字，不斷攀升。交易，湯武時甚至已出現銅貝貨幣。

　　曆法已出現大小月、閏月。甲骨文多次記載日月蝕，並記有十進位元、數字位 0 符號（零）、倍數、奇數、偶數、計算達三萬的大數字。

　　已懂得使用凸面銅鏡，節約材料。織物出現絲紈、紗羅，或許跟商民的大汶口東夷血緣有關（商部落，起源於黃淮之間，更炎熱些吧）。服飾、髮式，都可藉出土文物窺見商代日常生活（見上列圖示。彩色圖，是今人按考古資料描繪的當時服飾），可與諸如成都的三星堆文化比較。

（4） 政治上，傳 17 世、31 王，約 600 年。跟夏王朝一樣，尚未確定其確切年代，因古曆法跟今天的不一樣，而考古所得的誤差尚未確證數字。湯武之後，較有名的政治事件為：

（a） **太甲**，湯武長孫，太丁的兒子。即位初，因"顛覆湯之典刑"（不按湯武王定下的規矩辦事），被伊尹放逐於桐宮，三年後改過復立，成為明君。這就是"桐宮悔過"的故事。

（b） **盤庚**，約西元前 1300 年，遷都到殷（今河南安陽），商王朝自此也稱"殷"或"殷商"。遷都後，社會經濟大發展，殷都成為當時中原的政治、文化中心。傳說，商部落曾向北遷徙了好幾次。盤庚遷都，則起因於黃河水患，原王城（商丘）整個被淹，而貴族們因為既得利益，抗拒遷都。幸好，盤庚意志堅定，勸說、訓令一齊來，事件的經過見於周代尚書的記述。

（c） **武丁**，約西元前 1260 年。傳說，武丁是盤庚以後最好的國王，政治改善（壓抑權貴，重用平民出身的**傅說**），武力開發西北、荊南，俘獲大量奴隸，使中原勢力到達甘、青、鄂。近年來，武丁的人氣很旺，因為出土了他二老婆的墓（**婦好**），奇跡般完整，大量文物證據，使我們得以復原商代當時人們的生活片段，鼎鍋裡甚至還帶著祭祀的（煮）人頭。婦好顯然是武丁的好老婆，是個帶兵的巾幗武將。

（d） **帝辛**，約西元前 1060 年，就是最後的**商紂王**。大舉攻伐東夷，俘獲大批奴隸，使中原勢力到達皖、魯、蘇北。傳說商紂殘暴，寵幸美女**妲己**，並且不聽諫勸，民不聊生。總之，德行不佳，被周同盟軍打敗，自焚而死。商亡。"桀紂之君"成為暴君的代名詞，不過，"紂"與

"桀"的稱號,是周人給帶的帽子,不是夏民、商民的叫法。湯武王,"武"也是周人給的高帽子,是比照周武王的叫法。這些政治背後的實情,都需從嚴再加以考證。桀紂滅後,新王朝仍須分封他們的子弟,以統轄其原部,夏商周三代的部落聯盟國,終究還不是後來的中國的性質。這是個演化的過程。

（4）　商王朝這部國家機器,漸漸隨著對批量奴隸以及資源的需求,而變得更像"國家"。內部,經常處於貴族與部落城邦之間的內亂(分贓不均,或人口擴張的需要)。對外則"征伐"有增無減(掠奪,或"文化輸出")。**"四方"**,那時指的是周邊各鄰近的地區族群,**"方國"**(地方酋長國之類的人群),號稱上萬個,都成為商文明的政治暴力的對象。奴隸制度,與人殉人祭數字,都在商代達到巔峰。


《周》　約 3100 年-西元前 771 年,這裡指的 "西周"


（1）　**周武**翦商,約西元前 1046 年。

從中國人的歷史的角度,這事件是"中國人"或"中國文化"的真正起點,此後的發展,因緣際會,塑造了"中國人"。有點像美國人在北美的獨立戰爭,塑造了今天的"美國人"那樣。

在周武發動戰爭之前,姬姓的周部落已經是商王朝西部最大的諸侯國,號稱**"西伯"**(西霸)。傳說,周的先祖源於黃帝部落,這不一定可靠,因為,中國人喜歡把祖宗爺往上掛鈎,以示"出身不凡"。但周部落一直在陝西近甘肅的地域生存,倒是不假。周的先民遷徙過幾次,大概是受到羌、戎等游牧部落的壓迫,在陝西的涇河（今彬縣）與渭河（今武功縣）之間，方圓 100 公里左右，轉來轉去。起家的本錢，是在涇河邊攢到的，辛勤稼穡，人丁繁盛，羽毛漸豐。到了周武王的曾祖，**亶父（太王）**，為了取得銅礦材料（常需渡過渭河），索性搬到寶雞附近的岐山定居，經營武功至寶雞之間的 **"周原"**，蓄積了更大的實力。周人的歌謠，**詩經**，對這段經歷的描繪充滿感情。

渭河、涇河，都從中國大西部的甘、青發源，在西安附近注入黃河，是仰韶-大汶口文化西向傳播的必經捷徑。當然，西部族群也可以逆向操作。周人，就生息在這個文明交流緩衝區東側。

太王之後，幼子**季歷（王季）**繼位，發動對甘、青西方諸戎的戰爭，引起商王**文丁**注意，王季被殺，他兒子**昌（文王）**繼位，繼續向西拓地，斷絕了後顧之憂，便全力東進，直到遷都**豐鎬**（今西安），奄有全部**關中**平原（陝西）。這時，周的勢力已不容忽視，商王**帝辛**（紂）遂囚禁西伯昌，周人進獻珍寶、美女，帝辛竟釋放了昌。大概帝辛被征伐東夷的勝利沖昏頭，不免輕敵。

文王死，臨終交代兒子**發（武王）**伐商。發繼位後，趁帝辛的主力部隊在外征戰，閃電進軍殷都，帝辛猝不及防，兵敗、自焚、商亡。

（2）　故事雖然由周人自述，撇開政治性文宣，實情大致清晰的。周的國家規劃與執行，好到不行，而且人才濟濟，商王朝相對不如遠甚。歷史的偶然性站在了周武王那邊，這跟開國時期的美國或羅馬帝國等等相似。那時期，周武王有**姜子牙**（著名的**姜太公**釣魚故事），同心協力的兄弟，**旦（周公）**與**奭（召公）**，克紹箕裘的兒子**誦（成王）**、孫子**釗（康王）**，不但克商，還把新增的疆土治理的井井有條。

武王的政略：夯實**封建**，把新征服來的東部疆土，大量分封給同宗的親貴子弟，各自築城、鎮守，屏藩周王室。周王室本身則建東西二都城，豐鎬為西都 **"宗周"** （西安），駐軍六師，守備西部，洛邑為東都 **"成周"** （洛陽），駐軍八師，守備東部。封姜太公於**齊國**（山東臨淄），鎮東夷，封周公於**魯國**（山東曲阜），封召公於**燕國**（北京房山）...等等等等。這些諸侯的都城，現今都已找到遺址、進行發掘。

**"封建"**，不過是把分贓做成政治綱領，制度化**封邦建國**的程式與禮制，規範分封的邦國對王朝的稅役責任，如此而已。

現今批判的 **"封建制度"** 是歐洲中古時期的土地私有 **"封建"** 制度，佔有土地的豪強，是一群大地主，勢力大的，無論血緣親疏，王廷自然會給予各種貴族頭銜，行使政治籠絡。歐洲的 **"封建"**，其實只是世襲的土地私有制度。

周王朝則是 **"宗法封建"**，土地屬於 **"國家"** （王權）的，分封的多半是血緣貴族，他們並不擁有土地，只是代表王朝政府，對土地使用所產生的利益，行使管理、監督、收稅、分享。

武王克商後，很快死去。成王繼位，年幼，周公旦**攝政** 7 年後，大政奉還。期間還發生親貴勾結商王室遺民反叛事件，旦與奭兄弟合力敉平。（那麼多正面發展，湊在一起，不容易呀。當然也不能排除，周公的故事，是政治文宣的美術品）

為了消化新增的土地與人群，周王朝制定許多規矩：土地是國家的，納稅是井田制【 當然不會真的在田裡畫 "井" 字，重點是大約 1/9 的收成歸 "公家" （王室）】。分封的諸侯的貢賦、兵役都明確，刑罰也明確。分封儀式鄭重，授土兼授民，表示 **"普天之下，莫非王土，率土之濱，莫非王臣"**。以當時情況而言，封建諸侯，無論大小，都是新來乍到的少數人群，除了固守各自新築成的"國"（城）或"家"（堡）的硬體防禦，無疑也會努力跟當地人群相處，以增加軟體的縱深。

周部落明明是中原的新征服者，卻始終以夏人的華夏自居，周人的智慧，高。

制度的本質，是權力，制度軟體的設計師，當然來自統治階級。但任何制度本身，無疑也必須能夠調動眾多人群的積極性（相對合理的利益分配），才有持續可行性。周封建之後，整個中原政局，穩定了相當長的時間，**成康之治**，40年**"刑錯不用"**（就是，沒怎麼動用員警或司法部門）。一開始，周文化容或比不上商文化，成康之後，卻成為中國文化的基本面，影響至深且巨。

人口與經濟的發展，促使西周開始了貨幣經濟，鑄錢（見下圖右）。至遲到東周初期，貝價與錢價，都發生貨幣問題，使得那時的楚莊王（約西元前 600 年）和齊景公（約西元前 520 年）有廢小錢、改鑄大錢之舉，等於是當今的印行大面額鈔票。社會越分工，越需要交易與物流，就越依賴商業體系來進行物資分配，也就給人為的價值與價格、供求之間，造成不合理的剝削空間。這些中國歷史留下的古早記述，給金融海嘯一再衝擊的當下全世界，提供了些什麼信息？

周王朝開端之時，版圖倍增，為了長期利益，把征服來的土地與人群拴在一塊，當做資源，分封給周部落族群，一起管治，大家發財。王室不但是大封建主，也是大宗主、兼全國土地主及全國人民的統治者。受封者，在封給他的領域內，是個小一點的小封建主、兼小宗主、兼小土地主及其人民的統治者。。。

隸屬於土地的農民（**"氓"**，庶民，老百姓）是奇特的定義，既非僕役、又不完全自由，舉家拴在土地上，為統治者生產、田獵、釀酒、紡織等等，但也不完全是奴隸，是被當成生產工

79

具的半自由"人"。周代這個制度,秦商鞅變法後,以戶籍制度框住農民,不准遷徙,使得農民成為國家機器擁有的半農奴,成為中國社會的病根,直到今天。

錢

"何尊",及其拓文

最早的"中國"二字就出現在這只西周成王時期的"何尊"裡,"宅茲中國","國"是"域"的意思,"中"是中心,指的是西周新征服的東方領地的中心,東方領地,大部分即今河南。

**詩經**(就是西周時代,周人吟唱的流行歌謠)裡描繪農作、勞動的情景,有形容萬人一起在田野裡耕作的場面。

周代也有奴隸與人殉(人殉使用奴隸,但庶民不是奴隸),但更多的是個(**封建 + 氏族宗法**)的社會性質。周王朝征服的土地與人民太多,很理智地將大多數人定義為半自由民,減少了社會矛盾。

當資源非常豐富時,比如,剛打完天下之時,周王室這招管用。

但不用很多代，資源就不夠分了。財富的創造（農業，靠土地、農民、氣候），不敵人口的增長，很快就是"生之者寡，食之者眾"的局面。"井田制度"迅速破局，各地的封建領主努力開荒，天高皇帝遠，隱匿利稅，盡飽私囊。"土地國有"，在各種私利貪欲下，化為虛擬。（到戰國時代，中國便明確了土地私有制）

所以，做為國家機器，周王朝對外，有難以饜足的土地與人口的欲望。小盂鼎銘文記述，**康王**晚年對**"鬼方"**（晉北的游牧民）動武，斬首近 5000，俘虜不過萬把人。康王的兒子繼位後，自己帶大軍南征 3 年，打到湖北漢水，溺死在那裡，全軍覆沒。之後的幾個周王仍然樂此不疲，引起<u>東南夷</u>聯軍大反攻，幾乎攻陷"成周"都城（約西元前 850 年）。連年征戰，直接造成西周的沒落。

官制與商代差別不大，手工業因分工擴大，由"百工"壟斷，是龐大的官企。文明長進、人口繁衍、農作效率改良很大，墾荒無數，華北森林加速消失。自耕農或自由民，多半是血緣疏遠的宗人，間或有逃亡成功的奴隸，或是被解放的奴隸。奴隸的賣價，有銘文記載，是 5 個奴隸值"匹馬束絲"。民間交易，物物交換，依然盛行。違法的土地買賣（分封來的土地，按律，不得私下買賣），或珠玉，或大宗生意等，大概才用的著貨幣。服飾、裝飾，則有森嚴的等級禮制。

（4）　政治上，西周傳 12 世、12 王，從周武王到**周幽王**，275 年。

其中，除了開國的幾個，反面教材較多：
周厲王，橫徵暴斂，搞特務（<u>衛巫</u>）監視民眾，不讓老百姓議論政事，殺戮"謗"者，結果，破天荒引發周人大暴動（西元前 841年），國人**放逐**厲王，朝中由大臣**共伯**攝政事，號稱**"共和"**，搞了 14 年。

厲王死後，太子即位，大有改善，王朝局勢稍微好轉了一下，又開始武力對內對外。最後，**周幽王**繼位，朝政腐敗，而西北外患已至，此人還寵幸美女**褒姒**（就是那個不愛笑的美女的故事，幽王點燃烽火，引諸侯急忙趕來，以逗笑褒姒），甚至為了美女廢后，想改立美女為后、其子為太子。

廢后的老爸是<u>申侯</u>，乾脆聯合**犬戎**攻打"宗周"都城。
西元前 771 年，犬戎軍殺幽王於驪山，飽掠財寶而去，原太子被外祖父申侯迎立為王，**周平王**，東遷洛陽以避犬戎，**東周**開始。

相對於東周之前的周王朝，便叫做**"西周"**。

（5）西周，中國開始進入"信史時代"。

史官的記述，記錄一般是準確的，敘述當然有角度，理解就要靠現代的科學方法了（比如，理解周人有"文明的傲慢"，把跟黃河文明地區並存的周邊文明，都稱為蠻、夷、戎、狄）。

# 三代時期中國的其他古老文明

黃河流域的夏、商、(西)周三代,一千三百多年,但中國大地上,還至少平行著下列好幾個黃河流域之外的文明與國家,不可能以現代西方的政治話語"民族""國家"來詮釋那時候的"中國人"。那時,連中原的夏商周部落群,也都還在演化出"中華民族"的過程中。

## (一) 四川成都,**"三星堆"文化**, 3000-3500 年前,稻作

太陽神鳥金箔　　　　青銅太陽輪　　　　青銅突目銅人面具

(左圖)
青銅"神樹"殘高3.96米,全高5米左右。

(右圖)
青銅"持權杖立人像",高1.72米。

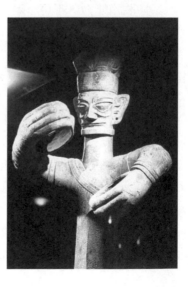

三星堆其實是一個完全不同的文化體，含蓋 500 年的跨度，關聯和輻射巴蜀和雲貴地區，是中國南北方與羌藏、泰緬的文明的交會區。有中原的影響，也有泰緬的影響，但整體另有文化特色。一句話，這時期，這裡還不是中國文化的範圍。

三星堆的代表作，還包括相當數量的象牙，很難想像是吃光了那時四川全部的象群，應該一部分是來自周邊其他文明部落的交易品或禮（貢）品。出土的陶器中，依稀也有幾何印紋的痕跡，同樣反映出周邊的交流和影響。

這個文化體，應該是相近的族群組成的（這地區在 4500 年之前，還有寶墩、汶川遺址）。3000 年前，三星堆人轉移到附近的**金沙遺址**。金沙，可能是古蜀國的王城。有名的 "突目銅人面具"、高大的 "銅立人"，或許表達了古蜀特色。"太陽神鳥" 金箔、青銅 "太陽輪"、銅鼓，則與泰、緬、滇古文化雷同。也許是金沙的輻射。但三星堆文化的異軍突起，是 3500 年前的事。這種爆發力，應該是引進取代了積澱。

發掘過程中，居然出現 4000 年前《馬家浜文化圈》的良渚玉琮，古人沿水系擴散的能力，不可小看。這也印證了，交換或交易，古已有之。

"蜀" 字，甲骨文和西周金文是由目和蟲組成，這些都常見於三星堆文化氛圍。三星堆有自己的字符。

## （二） 甘肅山丹，**"四壩"** 文化， 3400-4000 年前，粟作

這是個銅器為主的文明，無論紅銅、青銅都用，而且，工藝、造型具有鮮明的游牧民痕跡。位於張掖、武威一帶，幾乎是嘉峪關到與蘭州的 "絲路" 中點站。這時期，這裡也還不是中國文化的氛圍，四壩本身的風格是明顯的：薩滿信仰，可能是來自中亞的游牧民部落，也可能是羌族群部落。

四壩文化有早期的銅器，其實，銅器還出現於甘、青的彩陶文化地區，可以追溯到 4500 年前，但顯然不能量產，不構成那時社會的一個生產因素。4000 年前，實際，中國西北與東北都出現過銅器，中原很快跟進罷了。

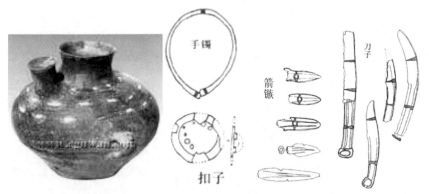

四壩陶器　　　　四壩銅器，多為小器件，刀具長 10-20 釐米，箭簇和裝飾品較多

中國最早的銅鏡　　　　　齊家文化陶器

青甘陝的黃河上游處，至少還平行有個 **"齊家文化"**，是具備獨特風格的、**仰韶-馬家窯**式的文明。其中，青海的**喇家**遺址還出土了 4 千年前、迄今為止的人類最早的實物 "麵條"（小米做的），比吐魯番發掘的近 3 千年前的小麥麵條，早了 1 千多年。由於麵條不易成為考古遺物，這當然不能證明人類吃 "麵條" 的歷史 "只有" 4 千年、或 "麵條" 就是中國古人的發明。食物的製作對所有古文明都是人類散播得最快的 "技術活"。

從這些數據來看，應該說，中原青銅技術，很可能是引進的，至少是見過實物、用過實物、再自己摸索出來的。引進，並不丟人，更不落後。

幸好那時候的人類，還沒有現代資本制度下的唯利是圖的公司"法人"，更沒有純粹搞錢的"專利法"和"律師"族群去"保護"拿著高科技青銅兵器的占上風的人的"利益"。農業也好、銅器也好，看到了，通常只是智人的理性開開竅，摸索一下，盡可以"自學成才"。看到了、用到了，不去摸索、解密、學會，反而把智力用在複製那個維護既得利益集團的制度軟體，討點湯喝，那才真正會倒八輩子黴。現代中國人很幸運，他們的前人沒那麼做，前人真的"自主開發"科技去了。

銅器，涉及礦石原材料，《大溪文化圈》裡具備這條件，遺留的銅塊也有 5000 年歷史，但，真正應用仍後於商代。

（三）滇、貴、閩、廣的古文明或國家，稻作

滇，晉寧，詛盟銅貯貝器　　　　粵，曲江，石峽白陶鼎　　　閩，閩侯，曇石山彩陶

這當中，廣東的石峽文化超過 4500 年，福建閩江口的彩陶是 4000 年前的，雲南的銅器也有 3000 年歷史、並且有四川三星堆的影響。還有沒太多資料的貴州"古夜郎國"，漢初文獻的記述，是已經立國相當時間，估計 3000 年前也已存在。

古滇國部落或族群間立誓、詛盟並不新鮮，三代時期中原諸侯會盟、互相刻或寫在玉片上的盟誓就非常多，下圖右的貯貝器，雕工精細、生動。

古閩國，資料很少，上圖的彩陶是薄黃泥陶杯，跟繩紋、印紋陶片一起出土。廣東的"石峽文化"確定銅石並用，跟江西的古文明關聯，也自成一格。

（四） 新疆羅布泊地區，"小河"文化，4000-3500 年前，麥作

下右圖就是 21 世紀初中國的考古大發現："小河公主"乾屍，3800 年歷史。位於孔雀河向南的小支流鐵板河古河道（沙漠裡，古樓蘭）向西約 200 公里。實際，發掘到的，是他們好幾代的墓地，墓葬超過 1000 多，具有鮮明的生殖器崇拜象徵。

陪葬物，沒發現有陶器、石器，唯有毛、草類編織品，但有中國地區最早的小麥、青銅具，這也確證他們是從中亞游牧過來的族群，並且也說明了當時這裡至少是個綠洲，適合半農半牧。深目高鼻棕髮的"小河公主"，無疑是個"白標"。而從墓葬棺木與標誌看來，他們是個以銅器為主的文明，興許就是青銅文明向東傳播的媒介之一。

對小河墓地木乃伊的基因分析顯示，小河人是中亞游牧民與東亞游牧民的混血，白標為主，沾點黃標。他們的食物，除了麥，還有黍（一種小米），也是東、西兼備。

他們與 3000 年前的吐魯番人、2200 年前漢初的樓蘭人，存在某種淵源，都有高度的西方血緣。後來風靡全世界的食物，小麥麵條，就是 2500-3000 年前的吐魯番人食用的，也有考古實物為證。這大致可以說明，小麥在 4000 年前、現在意義的麵條在 2000 年前，輾轉進入華北的歷程 （漢代通西域在 2000-2100 年前）。

新疆，自古就族群混合共居。生活在沙漠地區的人群，氣候是最大變數，古小河、古樓蘭、尼雅等部落，各自存在數百年，終不敵更乾旱的沙漠。古河道枯竭、綠洲消失，人群只好崩解四散。

## （五） 江西 **"吳城"** 的文化，稻作

3500-3100 年前江西就產出銅料，紅銅器物相當多，是吳城地區的銅器代表作，有獨特風格，但中原風也很明顯。陶器有東南印紋的特徵或影響，有薄釉原始瓷（下中圖），也有字符（下右圖），無人能解讀，但已辨別出上百個不同的字符。

值得一提的是，3000多年前因為地球暖化，長江下游的蘇（州）嘉（興）杭（州）地區受到海侵的自然災害，太湖跟東海之間連成一片澤地。社會崩解，四散到附近的人群，文化上有"返祖"現象：很長一段時間，制做不出跟他們《馬家浜文化圈》先祖們一樣好的東西，倒退了，多半用石器。氣候變化引起的環境劇變，很可能是長江良渚國家機器不敵黃河商周國家機器的主要因素。但東南印紋陶器始終是一大特色，而且已經有薄釉原始瓷器。

# 從文明到文化

夏、商、（西）周三代"道統"的國家機器，持續集中開發黃河中下游（中原與關中）1300多年，塑造了相當一致的黃河流域文明；反觀那時候存在過的各地區文明（上述的，并非全部案例），鮮少延續300-500年的。夏商周的生存經驗、社會經驗、技術軟體（包括文字與政制），成為連續被學習、複製下去的"習性"，文化。要瞭解"中國人"，還真需要從夏商周開始！

先總結一下這時期的中原共性：

（1） 夏、商的直接文字記述，當年的物證並不多，主要資訊來自周代文獻；改朝換代、遷都、分封，占點篇幅。有限的甲骨考古記錄幸好還帶點地理、天文、氣象、征戰之類信息。近百年來，從出土的商代卜骨上，則比較確證夏、商王朝譜系。

跟夏、商同質的周，處於中原西側（關中，陝西渭水、涇河區域），地緣關係，他們也向西開拓，多少沾點羌或甘、青其他族群血緣，真正壯大，是遷到今西安附近的事，約當3100年前。

現代中文，是周王朝文字的進一步演化。夏商王朝，文字更多的代表神權與王權，當然也是周王朝文字的基礎。象形的中國文字系統，周王朝時，大致已經完備。表現在書寫的載體上，鑄在銅器上的，就是金文（鐘鼎文），用毛筆寫在平板上的，就是古隸、大篆，不少文字，今人都還可辨識。此後，再經歷不斷的簡化、規整化、美術化，金、篆、隸、楷，到魏晉時（約西元 250 左右）草書已相當完善。

系統化的語言，單音節、四聲調（或六聲），沒人知道什麼時候才構建完成。

確定的是：春秋之前（2500 年之前）流傳下來的證據，詩經、尚書之類，還留下大量複音的詞（跟英語似的多音節的詞），比如，玫瑰、蟪蛉、蚯蚓、各種中原複姓等等，都是語言演化的痕跡。人類是同個老祖宗嘛，老中跟老外血緣的根一樣，語言的根也曾經一樣，無非分隔時間久了，各自演化出不同的軟體。

（2）祖先崇拜，使得封建的基礎，建立在親緣關係上。將神權（信仰）、政權、教化壟斷為一的影響，塑造了中原文化的血緣意識：自我、家庭、家族、宗族、氏族、部族、部落、國家，由親而疏，擴至天下，進一步強化了社會上的"關係學"（倫理），成為中國式文明的一大特色。

而早期依賴群力農耕的生存方式，更加重了"人的因素第一"的中國特色。

（3）愈演愈烈的人殉規模，在商王朝達到極點，甚至有一次千人殉葬的場面，顯示，集群暴力增長的程度必定相當驚人。商貴族，連同商民，一定使用了相當數量的奴隸從事農作與勞役，奴隸來源，當然主要是被征服的其他部落民。

（4）商併吞夏，周併吞商，在近似的文明體質上，使中原文化因襲、修改、加強，歷史上，叫做"損益"。中原文化等於由中國世界裡的 3 個列強，維持它連續發展了千年數量級的時光，這個長期的沿續性本身就已經了不得，更何況話語權還是壟斷性質的，教化出來的習性，文化的同合性當然相當強烈。

周王朝進入東周之後（西元前 771 年，平王東遷），政治上的封建制度，業已名存實亡，文化上，區域文明大量滲入，"正統"裡的一些元素被靜悄悄地替換了。

比如，楚，原是周王朝為了防範"荊蠻"（湖北武漢），分封子弟到豫南楚北、漢江上游流域的小諸侯國之一。到戰國時代，"楚國"已經統領華中，東兼吳越，將早先的江浙文明吸收，藝術哲學浸染江南的溫潤，巫風裡的神祕主義與中原式薩滿的自然主義結合，形成 "楚辭"的絢麗、"莊子"的逍遙、以及最早的多樂器交響樂。楚文化，實際成為秦之後中國文化的重要成份。

事實上，混同四面八方的中國式文明，毋寧是必然現象，畢竟，要中原的農民與貴族遠走他鄉去殖民，除了融入當地、吸取並融入多數，還真不可能想像以其他方式實現生存和延續。政治話語權，使"中原文化"成為一個虛擬的真實，跟當今的"現代化"類似，誰也說不清，"現代化"怎麼個算"現代化"呢…？！

（5）食物，這最容易展現人們的共性。中原主食，五穀雜糧，黍、稷、菽（大豆）為主，小麥、稻米是後來的。蔬菜，根據現代的考證，中國人喜愛的白菜、芥菜之屬，基本上，都是馴化的芥科植物，光白菜就有很多很多種（包括甘藍菜），各種"芥菜"也有許多種屬，是酸菜主料，雖然南北方稍有不同偏愛，大致是古中原農民勞作起的頭，因為從配菜的韭科植物看（馴化的各種蔥、韭、蒜），這時期，中國人的主要食材，已隱然成形了。

肉，中國各地都已馴化了家豬，老廣很早就馴化了家鴨（鴻雁類，

91

遷徙的鳥，很難馴化的），這些難以歸功於中原。輔助性的蛋白質補充來源，各種豆科類植物，全世界各地的早期農民各有馴化的豆莢植物。但，大豆（黃豆）的普及和大量使用，也起源於中原。周之後 200 年左右，漢初的淮南（皖南、蘇北）就開發出豆腐了。。

吃，是人類文化的一個重要特徵，從現代的植物學知識，老外發現中國人對芥科與韭科系列的馴化和普及，相當驚人。而食材，是需要長時間連續不斷的實驗與實踐的。我們只能推測，這多半是來自中原的貢獻，這時期，只有中原具備人口數量級、文化延綿性和環境相似性，來刺激人群智力用於重點食材的開發和改善。

我們需要知道，後來的食材和佐料當然變化很大，比如，川菜麻辣，麻來自胡椒，"胡"嘛，漢通西域後才引進的，原本是中亞與印度的香料；辣，更晚，是西元 15 世紀鄭和下西洋之後，華人將美洲辣椒引進內地的。但中國人的基本食材，沒大變化，所種的菜蔬，多為已經世世代代熟悉了的科屬。（其實，全世界人都這麼幹的，馴化植物跟馴化動物，都得花時間，一旦確定可以放心的吃，一般就成為那族群的口味）

再說說這時期中原三國的個性：

（1）　　中國最早的馬拉戰車實物，發現於商代的車馬坑，約 3500 年前。

　　　　對比於古西方歷史，5000 年前在古西亞的銘文中出現最早的"馬"記載，而古埃及、古兩河流域的城邦都要等到 1 千年之後，方才知道馬是個什麼東東。所以，大約 4000 多年前，歐亞大草原上的游牧民族開始用馬拉戰車擴張時，整個古西方文明都翻了盤。4000 年前左右，古安納托利亞、古西亞、古埃及，大範圍在馬拉戰車的游牧民統治之下，這是西方歷史記述的頭一遭"蠻夷入侵"。

中國歷史，偏偏又"巧合"了。這跟商滅夏的時段吻合。是不是馬拉戰車造成的優勢，不知道，有可能，那時的華夏族群，大概還不熟悉馬拉戰車這麼個東東。

商民的先祖起於豫南、淮北、魯南一帶，從地緣上看，"商"，會不會是古早的通古斯部落（紅山圈）與東夷部落（大汶口圈）的融合體？山東、河北交界區出土過大汶口文化與紅山文化混合的考古地點。

傳說裡頭，無非"三皇五帝"沒輪子，"黃帝"開始有輪子。當然，我們不知道，中原的傳說，最早是夏人的口傳故事、還是商民的口傳故事、還是周人口傳的故事？夏商周部落的地盤太靠近了，同質性太高。"炎黃子孫"怎麼混出來的、什麼時候混出來的，大概永遠成謎。但，交易，是游牧民族的習性。做生意，經商，或許就是商部落原本的擅長。周滅商之後，商部落成為奴隸，輕"商"或許也是周王朝的政治需要下，不小心造成的中國"傳統"。這些歷史上的糾葛，加上政治話語，所塑造的教化，經常會扭曲世人對真相認知的"意識"。

事實上，近年來的中國考古，在黃河中游、鄂爾多斯草原南端、陝西榆林附近，發掘出石峁城，正處於 4-5 千年前的時段，是先於夏代、而又跟夏文化具有明顯關聯性的文明，並且跟良渚與新疆的古文明都有著濃鬱的交流跡象。而灞水上游的藍田遺址，更出土了一具 4500 年前的、完整的馴化馬匹骨骸，是目前人類史上最早的馴化馬匹的物證…。

（2） 夏在華山的東方，河南。周在華山的西方，陝西。都是"華"族的老底子，但，周的先民"開發大西北"成績卓著，華山腳下的華族《仰韶》，吸收了東夷《大汶口》的彩陶風，周人把它散布到黃河上游的甘、青地區，在那裡，周人與當地羌、戎族群結合，造就了最輝煌的彩陶文化。（所以才有後世的不肖子孫，創造力"返祖"，只能幹些"高仿"和"旅遊村"勾當，騙幾文"中華文化"錢。無論什麼高仿，包括彩陶、瓷器、銅器，可以上電視吹噓"專業"，公然作假，全世界大概只發生於現代中國）

周滅商時，周部落文化是比商部落稍遜一點的。戰鬥力，戰車對戰車，勢均力敵，但周人那時大概已經有了一點騎兵。原來，草原游牧民，馴化馬匹也是漸進的，一開始的馬匹，小，駝不動人，只能駕車，所以，4000 年前的第一次草原大擴張，靠的馬拉戰車。後來馴化了大馬，可以騎人了，但只能靠兩腿夾住馬腹，儘管辛苦，卻是機動利器。（**馬鐙**，大約在 2000 年前才發明出來，西方傳說的**亞歷山大**、**秦**、早期的**漢**、**匈**騎兵都沒有鐙，這些，以後再表）

3000 年前的第二次草原大擴張，就靠的騎兵，這次擴張，造成中亞**吠陀**族群遷入印度，形成了現代北印度人的面貌。游牧民擴張，或許也是造成早期周部落幾次遷徙的原因，周王朝跟"戎"的關係，歷來緊張（滅西周的"犬戎"，不就是狼圖騰的游牧部落嘛），當然，周人也就學會了騎馬。（那時沒有"專利權"，多好呀）

(3)  並了夏族的商民，仍然相當迷信，酗酒。原始的薩滿信仰，靠祭師通靈，古早的手法，吸食大麻，以進入精神恍惚的"入神"狀態，比如"小河文化"就有集體吸食大麻的痕跡，薩滿往火堆裡撒把大麻，集體嗨 high 一下。（伊朗民間傳說：回教的極端派，烈士黨團成員被吸食大麻成癮，所以，是些嗨 high 不畏死的刺

客。以至於伊朗語的大麻，發音"阿薩辛"，竟演變成為英語的
"刺客"assassin）

商貴族，每事卜，所以留存大量卜辭。這比後來中國各地大量縣
誌、地方誌還更接近原始的數據記錄，沒有經過朝廷的修飾，是
文化寶庫。商部落經常搞祭祀的群眾活動，不吸食大麻，但搞集
體喝酒，意思一樣，大家嗨 high 一下嘍。這些習慣，未始不是
他們戰鬥力差的肇因。

所以，周滅商後，頒發"酒誥"，訓令周人不得酗酒、不得過分
迷信，實際是要周人保持統治優勢。但，商的迷信，有可能是南
北文化融合的結果，南方的人群流進中原，才會產出稻米和巫風
（巫，是南方馬家浜、良渚文化的特色）。

周人算是個相當理性的族群，周王朝前後延綿 800 年，把中原祛
巫之後的薩滿信仰，更加理性化成祀祖與早期道家的自然哲學，
實用上，則產生儒家的人本精神：**未知人，焉知鬼**。三代，集成
於周，積澱、塑造了中國文化的基本面。

夏商（西）周三代，中國人的歷史，映照出智人群體的生存演化歷程，
跟世上所有人群都近似。人類的智慧，是透過實踐的經驗、透過人際的
溝通，積累而來的。歷史，不依從人們的意志，人類到現在也還沒智慧
到足以設計歷史過程，所有的人都是摸著石子過河，慢慢來減少未知項
的。摸索的過程，智慧的過程，就是歷史，人性演化的數據。

農業技術，使老祖們活得更好、人數更多，開發了文明，硬體、軟體都
更加複雜、更需要專業和分工，人際更需要彼此依賴。

但是，人做為生物的本能，掠食動物對生存領域的佔有，很自然地發展
成人類社會對土地與資源、對生產力、對分配權的佔有。絕對的私有，

95

產生權力制度，被全世界各地的、隔絕的、農牧為生的老祖們，一一開發出來，沒有例外，不需學習。

文明，這個現象，跟權力同步，跟私有制同步，跟暴力同步，跟明的、暗的掠奪同步。然而，這卻不是智人智慧裡的"文明"的定義，所有老祖和我們一樣，都想活得更好、活得更安穩、無需恐懼暴力、無需擔憂口糧、享受公平、享受美好。在這個意義上，夏商周的先民們的社會實踐，實際就是中國人群的演化數據，古中國史。

中國大地上消逝的文明很多，我們迄今也還不知道原因，因為留下的數據不夠多。留下較多記錄的夏商周，做為一個個人群，我們比較能瞭解他們怎麼逝去：權力鬥爭、群際競爭、群際暴力，加上群內不和或不平衡。總之，軟體出了點問題。

在追尋形成"中國人"的歷史中，我們不但能看到老中與老外的軟體共性，也可以看到軟體的個性差異，從而看到人性自身的盲點或偏見。氏族的形成，還可能由於本能，部落與國家的形成，就已經有點社會軟體的"設計"了。

先民形成夏國，當時是夏族群的一個新實踐，安裝了新設計的社會軟體，成為一部"夏型"國家機器。很快，其他族群就複製了過去，各自將部落改造成國家機器。三代的更替，每部國家機器，都修改前一部機器的運作軟體。執行與運轉與監督的軟體，涉及人性與人群，現在的人可以看到，軟體也需要不斷升級。那時的前人看不到，因為，人性的智慧受限於當下的經驗和欲望，不試運轉一下，他們也無從得到經驗，我們也無從判斷數據。

中國人的歷史顯示了許多寶貴的經驗數據。

比如，文化的感染性，大汶口彩陶刺激仰韶彩陶、又刺激馬家窯彩陶、回頭影響仰韶彩陶。東南的幾何印紋陶與蟠螭紋飾、紅山的玉文化、父系社會結構等等文化，各地人群都很快複製過去，成為習性。

然而，我們可曾想像過，那時的王權顯然還沒那麼專制，周人可以放逐自己的王？周公會交還權力？周部落會情願隱身於"華夏"名下？。。

又比如，尚書取自西周王室檔案，基本上，是培訓統治階級子弟怎麼統治的教材，因為是最早的文章與記述，東周流傳開來之後，不但成為公文範本，也是後世的"文章"範本。。。這些，都是早期中國人群留下來的社會實踐經驗。

更比如，夏商周中原三國，不停地與周邊鄰居打架。跟南方同為農業的族群，倒終於混同成一家人了。但始終沒搞定北方，甚至始終鬧不清北方鄰居是怎回事？

（北鄰瞭解你，對他們，你就是固定在那裡的農民+統治階級，跑不了。你不瞭解北鄰，對你，他們像是不停遊走的戎+狄。你交易，為了貪財，多賺點銀子，他交易，為了生活需要，不給就搶。基本思維不接口，雞同鴨講似的）。

歐亞定居的人群，開發了農耕生活方式、文字與文明，龐大的國家機器，侷限了人們的視野，看不見人類可以別有一種游牧機動的生活方式了。

這些都是實實在在的發生，跟中國人是許多遠古文明部落的子孫一樣實在，中國人的老祖們包括炎黃部族，以及，其他眾多沒有留下名字的部族…。

然而，最最根本的一個真實是：

黃土高原獨特的地理和氣候，使得早期中國老祖們的生存適應，走上細緻與密集農業的途徑。依賴規模集群定居的生存方式，決定了中原農業文明的習性和意識，中國人的"人性"裡頭，更多的偏向開發群性，最終成為中國文化的特徵。

現代歐美的老祖們的生存方式，一直是農牧群落交匯，依賴分工、交易、機動。西方人的"人性"裡頭，更多的偏向開發個性，最終成為西洋文化的特徵。

這才是人群的差異，適存演化造就的，習性差異。

現代人們可以透過接觸、溝通、理解來彼此瞭解，但除非生存方式改變，習得之性，習性，以及意識，才會完全改變。所有的文化與文明，都是智人在特定時空環境下的演化特例，即使在十分近似的文化裡，也存在眾多小差異。

私性的獨佔、鬥勇是自然的，群性的分享、容忍也是自然的，個體要生存、物種要延續嘛。這些都是基因打造出來的人性，其中並存的私性及群性、情性及理性，各自適存於周邊環境的結果，"偏向"也只是相對而言的。

而無論對環境的適存方式如何，古今中外所有的人群最終卻都開發出一些共通的意識和習性，實際上，除了"理智"、"同情"、"學習"、"包容"之外，別無所謂"普世價值"的人道存在。

# 第三章、 春秋戰國 東周的城邦世界

古今中外，人群聚居，漸次開發文明、繁衍生息，自然地成立部落、國家，人類懂得築城之後，就是 "城邦世界" 景象了。當黃河流域的周王朝東遷、成為 "東周" 王朝的時候，中國城邦世界早已存在了幾千年。周王朝高度文明，隨著周文化和文字的散播，黃河流域留下當時最多的、流傳得下來的記錄，人們可以從這些資料裡頭，窺見那個很不一樣的東周時代。

夏開發河南河洛流域（中原），建立統治軟體初版，留下部落聯盟國家的印記。

商兼併夏，帶來淮北和山東地盤，修建統治軟體一版，添上奴隸制度的印記。

西周兼併商，帶來陝西涇渭流域（關中），修建統治軟體二版，留下宗法封建的印記。

這些軟體的修建版本，相當實際，直接對口，在社會硬體還不發達、人類心智還不複雜的年代，變化趕不上計畫，至少開頭是管用的。

當然，最初開發黃河流域文明軟體的人並不知道，國家機器運轉久了會出什麼狀況，這需要大量經驗數據，以及，智人的智慧，才有可能適時修改軟體中的疙瘩。

古今中外，所有國家機器，無不盡力擴張土地與人口，一開始運轉良好，國家迅速增長，情況很快就翻轉過來，計畫趕不上變化了。

人造的軟體嘛，有缺陷是自然的；人類的國家機器，必然難免於人性的糾結：有權力修建軟體的人（古早是祭師與王族），設計了制度（比如，分配的規則），而無論什麼制度的本質，機器還是要人去操作的，人群更直接是安裝這些制度的對象。要碰對全然無私、能幹的頭頭來操作，真有點難。（菁英統治集團更換頭領，世襲就不說了，即如"民主制"，選二流明星當三流頭領的概率很高，因為人們靠政團宣傳廣告的"信息"投票，而媒體並非免費的）

周王朝，沒有例外。

西周成王的文官首創"中國"這詞,對關中的周人來說,就指的"中原",是新征服的東方領地,以洛陽為中心的、黃河的夏商文明城邦群落地區,東南西北四邊相鄰著許多當時人們不熟悉的"夷、蠻、狄、戎"族群。

西元前 1000 年,周人開發關中的同時,許多戎狄羌族群實際也已經生活在陝西。因為那時人口密度不大,城池之間滿是林野或空地,而且早期部落學習文明的能力很強("同化"),所以周王朝機器並未感覺到會有什麼麻煩。

等到犬戎攻破都城、殺了周王、劫掠而去,西周國家機器被打爛,平王東遷,西周的周人方才"突然"發現,連同他們起家的岐山(今陝西寶雞)地區,都已經成為戎狄地盤。周王朝整個西部地盤,陝西,幾乎瞬間消失,西周的附庸只剩下沿渭水中上游的秦國,而秦本身還跟各戎狄部落國犬牙交錯。

西元前 770 年,為躲避犬戎,周平王一登基就放棄西部江山,動遷到東都洛陽,所以稱為**"東周"**。(約略正是吠陀游牧族群進入印度的時段)

平王當然也想搞出個東周國家機器,無奈,中原並非這些動遷過來的西周人熟悉的地方。早先分封來的西周人,幾百年下來,早已成為不一樣的東周列國人了。要重新打造國家機器,也是黃河以東的各國人群來嘗試,周平王修建新版統治軟體的機會不再。

周王室在西部做了 300 年"中國"(那時主要指的是今日河南)最大的"地主",早把陝西以東的土地與人民分封給了當年的貴族與臣民,收了多年貢賦,那時的中國,豫晉冀魯皖,黃、淮流域為主,早已城池遍布,地盤清晰。東遷,跟諸侯國是要不回來地盤的。連洛陽都城附近的"王畿",王室直屬地,世襲的管理人也幾百年了,利益盤根錯節,若非手上還有點武力(禁衛軍),恐怕也控制不了。

這，就是，東周王朝的基本實況。

還好，制度軟體也是人類慣性，一開始，大家面子上將就著舊習，沒馬上撕破臉皮。何況，原來的分封合約，早已被灌了水，幾百年開荒的土地、增殖的人民，好處沒上繳、甚至沒有賬目，原先那點貢賦（其實就是租稅），看在老東家落難份上，就給周王室一點唄。這是周平王東周開端的現實。

（跟當下中美關係有幾分相似，中國人"改革開放"想賺美鈔想瘋了，美國人就印美鈔跟你"買"東西，不就是白條唄，幾十年下來，中國人好容易攢了幾萬億美元白條，經濟變天了，你能拽了白條到美國去占地盤、搬東西嗎？你想拿白條去"買"，礦產、黃金、技術、什麼的，人家通通"不賣"，不賣就是不賣，看在是老美自己定下的制度的份上，給點小小利息，還沒賴皮嘛，老中能怎辦…？）

能指望奇跡發生？諸侯國自動把權力、地盤、人民、資源拱手貢獻回來？一開始跟著周王室搞封建的、設計並執行制度軟體的諸侯老祖們，他們自己的那份，也早分給了無數後代小地主了呢。周的動遷，正好給了那時正在當權的諸侯一個警示，以後分家，嫡房乾脆占99％。。。財富私有嘛。

私有制下的人性，利益驅動，全人類演化模式都類似：爭奪權力，那時是政權，後來才有金權。東周時期，宗法封建機制失靈，而社會生產力卻已達到相對容易組裝國家機器的地步。從前，萬人數量級的原始部落，有個酋長、祭師，就是大"方國"了，何況現在還有城池、器械、文字、制度。

春秋、戰國的劃分，實際是漢代文人按"戰國策"一書記述的起點，做為"戰國"時代的起點，其實很形象地形容了東周時期共549年的狀態。戰國之前的時代，大致涵蓋孔子記述的魯史"春秋"的時代；尊孔嘛，就稱為春秋時代了。做為時代的名稱，約定成俗就行。春秋戰國，字面上帶出來的變幻與混亂感，倒是貼切地道出東周無奈的現象。

"戰國"，很寫實；"春秋"則有點抽象，說是孔夫子論述的魯國史，用字很講究，很政治化（偏向周王室），文字本身就顯現出孔夫子對人對事的點評。那時的中國，文化相當高了，寫史論史的，不只孔夫子一個，諸侯國也各自有史官記述，他為啥偏要編魯史"春秋"？大概只有孔夫子自己曉得，不排除他老人家是一時的靈感激盪，或許這更接近孔夫子真面目，"理性的浪漫"，文人兼老憤青唄，藉魯史來舒張自己的理念。孔子，下面還要敘，再談。

春秋，有案可稽的"國"，不下百數，大國，連城幾十個，小的城邦國，演個雙城記，也不嫌少。那時的中國世界可熱鬧了，絕對是個城邦世界的國際景象，不然，孔夫子哪來"周遊列國"？（幸好，文字語言差不多，還不用帶翻譯）

東周時的中國世界，跟西方那時的愛琴海世界有點類似，文明的城邦林立；中國古人也跟西方古人一樣，盡情演繹了人性情理的方方面面。

人類文明初期的歐亞兩端，黃河流域的夏、商、西周的文明，可以比照尼羅河流域的古埃及文明，農業、水利、奴隸、人殉，樣樣俱全；而鬆散的大國管治方式，反映出技藝和文明的緩慢擴散。春秋戰國時的中國世界，則可以比照傳說的古希臘世界（實際是更早的兩河流域城邦世界），各地人群形成小國寡民的眾多城邦，車戰、手工業、交易、思想活躍，也一件不缺。

這算是人類歷史演化的偶合性吧，那時的東、西方人群，不可能經驗交流，但古人的社會演化途徑卻相當雷同。前人分別在不同的文化氛圍裡，歷煉大國制、小國制，連同後來的大一統制（秦漢與羅馬帝國），都在 4000-2000 年前的時段裡嘗到味道。事情就那樣發生了。

春秋戰國留下大量記述、故事、著作，我們跳出“政治”怪圈的角度，去觀察這些故事裡的各種人物，權勢的、復仇的、浪漫的、道德的、變態的、發明的…，多麼豐富的人性呀。比希臘傳說的數據更多，中國人多嘛，但東西方的經驗仍有太多的雷同和交叉，智人的大腦，畢竟通的。幾乎今天人類所有的思想、點子、情感、表達，都能從東西方古人腦袋瓜裡，找到類似的想法或感覺。。。就連“科學”，也不例外。

春秋、戰國時代（也就是“東周”時代），黃河流域人們的文明，軟、硬體上的演變與整合是驚人的。舉幾個重點來說明：

（1）　文字

西元前 1400 年　　西元前 800 年　　西元前 210 年　　　秦　虎符
商 甲骨文　　　　西周 大篆　　　　秦 小篆

上一章展示過大約西元前 1700 年的夏代字符，秦始皇在西元前 221 年統一中國，也統一了文字，東周時期遺留下來的這方面文物不少，春秋戰國時期中國人的書寫文字，介於下圖的西周大篆和秦小篆之間。現代中文是秦朝統一文字之後的演化結果，所以人們今天基本上能看懂相當一部分篆文。

現在熟悉的“紙”的製作工藝，中國人也在戰國末期基本開發了原型，雖然 5000 年前的古埃及人已經用上一種原始的“葦莎草紙”，直接用

104

尼羅河三角洲盛產的高纖葦莎草製作，類似棉絮片。

西元前 3000 年，彩陶盛行的年代，陝、甘地區大約就已使用原始毛筆繪圖（總得有個塗抹的刷子之類的東西吧）。現在熟悉的毛筆和竹簡，考古實物出現於西元前 300 年戰國時期的墓葬。估計，整個周代（甚或上溯至夏代），中國人的日常書寫，能沾上顏料的各種片狀布帛、木、竹、陶、骨、玉，都可以是載體。寫在竹簡上的好處，是容易編成"冊"、收捲起來就是書冊。

(2)　鐵器

人類用鐵，可以上溯到 3、4 千年前，古埃及、商、古西亞，都有使用天然隕石的物證（幾乎是完整的天然鐵塊，一般也含些鐵屬的鎳）。真正人工冶煉鐵器，最早的是西元前 1300 年左右，歐亞大草原西端的游牧民赫梯人（隨後統治西亞一段時間），至遲在西元前 1100 年傳入古埃及、古西亞。當時，都是生鐵工藝，不見得比青銅堅硬。

早期秦墓葬出土過鐵劍，且秦文很早就有"鐵"字，不知道是引進的還是自製的。但至遲到春秋末期，中國也開始冶煉鐵器，約當西元前 600 年，比較集中在楚國轄下的湖南長沙附近（出鐵礦），隨後百年左右，開發了把生鐵再煉、淬水、鍛造的硬化工藝（滲碳），就是熟鐵。這也許是楚國成為那時的超級大國的原因之一：掌握了新材料、新工藝，統治了中國世界半邊天。後來，秦的政治軟體勝出，統一了中國世界，但終究"楚雖三戶，亡秦必楚"，漢朝，其實是建立在早先楚國龐大的基底上。

戰國時期，中國人已經掌握"鋼"工藝，說穿了，就是勤快點，拿熟鐵再多煉鍛幾次，讓滲碳恰到好處，就是鋼。"百煉成鋼"的成語，由此而來。

人類真正掌握量產的鋼鐵技術，要等到 15 世紀，歐洲發明鼓風爐之後。

在此之前，手工業方式冶煉鋼鐵，中國人是領先的，日本"倭刀"技術，從唐朝學過去，看到了、基本上也就學會了，不就勤快點唄，多淬煉幾次，"百煉成鋼"嘛。其他的密方，自己摸索。鋒利的武士刀，絕對是"日本技術"。

（3） 農業

林立的城邦，不得不各自講究農業生產，春秋戰國時代是農業技術大躍進的時代，不僅是中國的，也是世界性的。金屬農具大量開發，尤其是用鐵之後，銅石工具迅速消失，使得深耕、牛耕成為中國農業的基本傳統。對土壤、施肥、選種、地理、節氣、排水、一年兩作等相關農技，留下不少系統論著，這些農業科技，領先世界各地千年以上。

小國寡民嘛，當時的"畝"只約 220 平米，那時的記述：華北平常年頭的粟作畝產量可達 30 公斤，大豐收年約成倍，大歉收年約 3 成。

1960 年代初中國大困難時期，國庫要在國際市場拋售黃金儲備以進口糧食，讓姚依林下去蹲點調研，後來，姚的報告指出，老百姓勉強生存的底線是人年均口糧 700 斤，5 口之家為 1750 公斤糧食（這是把所有生活所需折換成糧產的數字，算是個造反底線，恰好就是美國記者史諾筆錄毛澤東自傳裡，毛家五口人一年所需的糧耗數字，而毛家是很儉省的。所以，估算的相當精準），需要當下 2 畝耕地（每畝 667 平米）的平常年景的總收成（按現代畝產量是 2500 年前的 10 倍計算）。類推回去，春秋戰國時期，平均 1 個農戶，華北至少需約當年的 60 畝耕地，加上納稅、交租、儲備，沒有當時的 120 畝地（當下的 8 畝），是過不了連續 3 年的歉收年的。華南可以一年三作，每戶也約需當時的 50 畝耕地。農業的積累，靠天吃飯，是緩慢的，而且必須存糧備災。

這以後的中國農業技術，再也沒大長進，兩千年沒怎麼變，直到近代的機械、化肥出現。實際上，古今中外，全球都如此。春秋戰國時代，人類的農業科技，就已經在中國大地達到接近巔峰狀態。

（4）　諸子百家

能夠出現諸子百家，有兩個先決條件：
生產有富餘，加上，足夠多的城邦國家。

春秋戰國時代，中國大地正好處於這個境況。從戰爭暴力規模的節節上升的情況來看，春秋時期，一戰傷亡過千數，城邦國人，就跟傳說的古希臘一樣，如喪考妣，惶惶不可終日了。到了戰國末期，動輒 1 萬、10萬人傷亡的血腥，估計，那時 "中國" 人口必然達到近兩千萬左右的數量級，才可能擔負這樣的社會成本。

也許是西周積澱的泛理性氛圍的緣故，這個比較自由自在的城邦大環境，並未刺激太多情感上的浪漫，中國人的心思，似乎大多發揮在憂國憂民方面。或許，中國人私情的一面都不願意見光吧。

現代歐洲人喜歡理想化 "古希臘城邦世界"，他們傳說的希臘古人的創造力，發揮在針對人道面對天道的 "悲劇" 性，無可奈何嘛，包括，大自然下的人性自私，歸結於 "命運之神" 作祟和人類知其不可而為的抗爭，流露於吟唱的史詩、戲劇、哲學思考，鮮明地、激烈地，展示人性的情欲與義理與命運的糾結。

中國古人，同樣也感受到人道與天道間的糾葛，沒產生希臘古人的 "悲劇" 情懷，完全接受了人道只是天道的一部分，自然的嘛，抗爭啥？人類理性的浪漫，促使中國古人的創造力，轉向 "盡其在我" 地去盡力 "改善" 人道，表現於諸子百家針對解決人世各種問題的各種思想論述與具體行動裡。

行動，很世俗化：取得當權者的支持。大概，智人的聰明早已看穿，設定人世 "遊戲規則" 的權力制度，才是人間社會的問題與解決的來源。

而實際的歷史記述與故事傳說，東西方都顯示出人們對復仇、冒險、堅毅、原則、慷慨、慈愛、守信、孝順、忠心等等事蹟的極大興趣。當然，政治上的教化，必然是取材背後的一個重要因素，但也絕非唯一一因素，尤其在城邦時代，春秋戰國時代的中國世界跟傳說的古希臘世界的自由度和創造力，其實，沒什麼兩樣。

其他，手工業、藝術、繪畫、漆器、玉石、紡織、銅器、雕刻、城市建築等等等等，也都呈現數量級的飛躍。當然啦，549 年的跨度，文明和技藝的積累，更加速文化的過程。

# 《春秋》時期，西元前（770-476），共 294 年

春秋時期，東周王室僅只具備象徵性，沒有權力中心的概念。政治的時髦風尚，隨著區域霸權的強弱飄浮。區域霸權也只能各領風騷，互相 PK。中國城邦國際間、人際間，大家都在學習適應這種新狀況，比從前等級化（公侯伯子男）的宗法封建社會複雜的多。

## （甲） 政治

大致上，春秋時期 294 年間的中國政治，就以傳統史書記載的 "五霸" 為標記。其實，何止五霸？而爭霸的主人公們的故事，倒反映了許多自然的人性：

## （一） **鄭莊公**，西元前（744-701）在位，他使周王室完全虛擬化

周平王能在東都洛陽落戶，主要靠姬姓同宗的諸侯晉、鄭兩國的庇護，尤其是鄭，周王室直屬地緊鄰鄭國。平王於是用鄭國君為王室 "卿士"（執政官）。等到鄭莊公接他爸爸位子、繼任卿士後，平王搞平衡，分權給虢公。鄭莊公不高興了，平王竟跟他來個 "周鄭交質"，互相把太子交換為人質。無異於公告天下，周王國跟諸侯國沒啥兩樣

東周王室，自此臉面掃地，封建規矩，開始破功。

春秋早期的中國世界圖例，100+城邦國林立，星羅棋佈，人們生活以"城"為中心

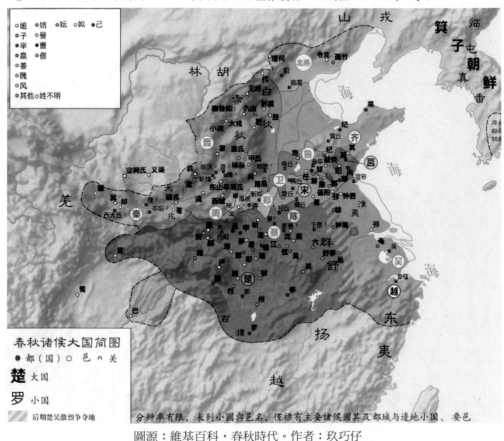

圖源：維基百科，春秋時代。作者：玖巧仔

平王死後，交質在鄭國的<u>周桓王</u>，急忙趕回洛陽繼位，招呼都不打，還

進一步要削掉鄭莊公在朝廷的位置，讓虢公獨任卿士位子。鄭莊公更加
生氣，索性不去向天子朝禮。於是桓王趁機帶了六師禁衛軍，聯合鄭國
周邊幾個諸侯國，興師問罪，征伐鄭莊公，結果大敗。從此，周王室不
但沒顏面，更沒威信，變成橡皮圖章，周的封建制度，名存實亡。

那時，距離洛陽稍遠的各個城邦國，早已沒了規矩，別說封建制度，連
宗法制度下的倫理都開始混亂，類似古希臘神話故事裡的情節，弒父、

盜母、偷嬪、殺部下占人妻的，都不是新聞，周王朝無從節制，只有默認。後來的司馬遷在史記上說"春秋，弒君三十六，亡國五十二，諸侯奔走不得保社稷者，不可勝數"，更不在話下。

鄭國在今天河南鄭州南邊的新鄭，其實只是個中原的中等國而已，四面無天險可守。鄭莊公出生時，也不是他媽媽喜歡的兒子（第一胎，驚嚇了沒經驗的媽媽），他的繼位，相當曲折，因為親媽媽就反對（寵愛他親弟弟，段叔）。

可以說，鄭莊公生長的環境不正常，缺乏母愛。但，這是個極其聰明的人，能忍，內心細密、多計謀，對外能屈能伸，吃大賠小。在那舊秩序崩解的狀況裡，他專注於鄭國的外交與內政，把周邊大小諸侯玩的團團轉，仗沒少打，居然一輩子沒打過敗仗。死前，把他那個鄭國拉拔成中原一等強國的架勢。

長話短說，鄭莊公對弟弟與母親，表面上，極其寬容，助長弟弟驕焰。等到母親幫弟弟造反，他一出手，"克段於鄢"（在鄢這地方打敗段），弟弟走投無路，自殺。他跑去，撫屍痛哭，回來，卻放逐母親，氣道"地下再見"。後來，大概親情發作，又蓋個高樓，不時登臺遙望媽媽住的方向。有個老臣建議他，君無戲言嘛，但不必死了才能見面，鑽個隧道過去，不就是在地下見到母親了嗎？鄭莊公大喜，照辦，總算跟媽媽和好了。就這麼個複雜的性格，成功地處於複雜的新社會中，享受霸主級別待遇。最終還是逃不脫人性的偏愛之情，晚年也寵愛小兒子，遲遲不肯安排好接班，結果莊公死後，兒子們兄弟爭位，鄭國回落到小國的狀態。之後，情勢發展使得鄭國夾在戰國秦楚兩強當中，只好"朝秦暮楚"，兩面不是人，直到亡國。

從鄭莊公身上，我們看到，扭曲的環境造成扭曲的性格，在生存與滅亡之間，他高超的智慧和堅強的抗壓能力，使他幾乎成為春秋第一個諸侯盟主。不能說莊公一輩子都在演戲，雖然，慷慨與殘忍，也許都有他權謀算計的成分。但是，人性總在召喚，真情不知不覺還是會流露出來。

老美有部流行小說，"郵差總按兩次鈴"，還拍成相當賣座的電影，正好反射了鄭莊公一生，人性的複雜面目。在那個秩序崩解、道德淪喪的亂世，他是破壞體制的急先鋒，但他人性未泯。

（二）　**齊桓公**，西元前（685-643）在位，他搖醒那時代的工商業

山東的齊國是姜太公的封國，齊桓公自然姓姜，名**"小白"**。

他大哥是個暴虐的齊國君主，為了跟自己妹妹私通，竟然殺死妹夫魯國君，（古希臘神話似的情節，居然真的可以發生），搞到人人痛恨。小白勸不動大哥，助手**鮑叔牙**就勸說小白出奔到魯東南的莒國。果然，不久，齊宮廷發生政變，齊國君被殺，一年後，貴族們殺死政變者，準備迎立小白的二哥（那時出奔在魯國，比較接近都城）。小白機靈，抄近路先趕回到都城，靠貴族們支援，繼了君位。趕路途中，還被他二哥助手**管仲**攔截、射中，居然是射到身上的銅鉤環，裝死，逃過一劫。

齊桓公即位後不久，聽從鮑叔牙的力薦，不記前仇，任用管仲為相。鮑叔牙與管仲是知交，一起輔佐桓公。而鮑與管的交情與經歷，足可另寫一本故事，他們之間的故事，告訴了我們，什麼叫做"朋友"和"高手"。那時的管仲是個自由民，潦倒過、窮苦過，為了生活，跑過小買賣，當兵還當過三次逃兵，真正知道民間疾苦。（光春秋時期，魯國那麼個小國，就記載了近 500 次軍事行動）

管仲留下一本書，"管子"（按考據，是戰國至漢代的作品）。他也許是中國第一個瞭解到，人類社會已經演化到必須注重經濟和社會建設的人，如果不是全世界第一個的話。

齊桓公會重用他，很簡單，因為管仲這樣回答齊桓公關於治國的提問：
⊙ 人性是，**衣食足而後知廉恥**。
⊙ 休養生息，百姓富足，才是愛惜百姓，自然就得**民心**。
⊙ 民心在，士氣旺盛，部隊才訓練的好，才可打仗。

⊙ 富足，要開發經濟，收山林、鐵、漁、鹽之利，不能只靠種田。
（那時講 "經濟" 比較實在，都是人群賴以生存的東西， "經世濟
民"、 "利用厚生"）

⊙ 鼓勵交易往來，繁榮商業，增加國家稅收。

⊙ 物品過剩時，價太廉，傷害生產者。太欠缺時，價太貴，傷害消費
者。國家應該設置平準倉儲，過剩時買進，欠缺時賣出，以調節供
需，自然地去平穩物價。

⊙ 霸天下，要有王天下的號召，**"尊王攘夷"** （維護周王室、抵禦外
夷的侵略）。 那時，中國跟印度正逢第二次草原大擴張時期，**蠻族
入侵**。

管仲拜相之後，按照理念具體實施，因為那時社會與經濟規模還相對
小，很快基本達標。西元前681年，齊桓公首開先例，以諸侯身分召集
其他諸侯會盟(原本只有周王室才有權召集諸侯會盟)，最終達到了 **"九
合諸侯，以匡天下"** 、稱霸中國的目標。

齊桓公是周王室正式承認的諸侯盟主，制約當時的國際社會若干人文底
線，比如，規定不能隨便建築堤壩、壟斷水源、以鄰為壑（戰國後，就
決堤水攻了）。更組織 "聯合國部隊" （齊軍為主），抗擊蠻族入侵（助
燕國對抗北邊 "山戎" ）。齊國也因此愈加富強，都城臨淄成為國際大
都會城市，繁榮到不行。

管仲死於西元前645年，臨死前齊桓公去看他，請他推薦一個可用之人，
結果，齊桓公還是用了管仲告誡他絕不可用的小人們。僅只2年後的西
元前643年，桓公病重，這班小人為了擁立自己想要的繼任人選，乾脆
把宮門堵塞，不讓進出，意圖不走漏桓公病逝的風聲。於是，春秋第一
個霸主沒病死，倒竟然是被活活餓死的。臨死，齊桓公哀歎，哪有臉去
見管仲？拿自己衣袖遮著臉死去。

他的5個兒子立即進入奪權的內戰狀態，齊桓公死後67天，屍體才被
下葬。人們發現他業已腐爛的屍體時，不但有射入的流矢，還爬滿了蛆

蟲。

120 多年之後，孔子盛讚管仲："微管仲，吾其披髮左衽矣！"，（要是沒有管仲的話，我今天就是個胡人了），可見那時的蠻族入侵是多麼重大的歷史事件！而說這話的時間點，當時的齊國君主卻正在為物賤錢貴傷透腦筋，準備發行大錢。

齊桓公的一生，讓我們知道什麼是中國式悲劇。
因為，真的發生過。（傳說的希臘悲劇故事，更多的是戲曲。）

桓公大哥，破了中國倫常的底線（在古埃及、古希臘，近親也可以結婚的），對中國文化的習性而言，則死有餘辜。桓公即位當初，為了維護自己的權力，也攻打魯國、逼死二哥。權力制度下的人性扭曲，使得親情黯然失色，君王的"家"，就是"國"，不是平常人家，不存在"自然"狀態，奪權，成為生存的唯一選擇。

然而，一樣材料炮製出來的兄弟，小白卻沒變態，不只不變態，在（封建 + 宗法）的任人唯親痼習中，他還能超越自己和環境，信用管仲，人性畢竟也還有智慧的一面。

（三） **晉文公**，西元前（636-628）在位，華北（中原）的代表人物
　　　子晉襄公，前（627-621）在位；曾孫晉悼公，前（573-558）在位

跟周王室同宗，姬姓的晉國，一直是中原（山西為主）的大國。西周的宗法封建制度，這個軟體不靠譜的地方，除了鄭莊公在東周早期打碎宗法封建迷思之外，晉國也在西元前 679 年粉碎了宗法美夢，那一年，被分到曲沃（今山西臨汾）的非嫡系子孫，百年經營，終於硬搶到了晉祠堂的祭祀"權"，成為**晉武公**，代價：先後 5 代的嫡系晉君被殺、1 個放逐。赤裸裸地宣告世人，強權，才是社會制度軟體的本質，血緣沒用。權力當然一直都是任何權力制度軟體的本質，不然，人們為啥那麼費勁"搞政治"？

**晉文公**是成功奪權的晉武公的長孫，生來有點畸形，眼睛兩個瞳孔、肋骨相連一片，取名<u>重耳</u>。他老媽的娘家是<u>翟國</u>（今晉冀交界地區，那時是晉的勢力範圍。翟、狄同音，應該是狄人學到文化，就改以“翟”為名了），政治婚姻嘛，全人類的老規矩。他老爸很早就立了重耳的異母弟弟為太子（是齊桓公外孫），重耳也沒法有太大野心，就好端端地做個王子到 41 歲。然後，也是全人類的老故事，年老的容易偏愛偏信，太子被陷害自殺，重耳被迫流亡到母親娘家，娶了個翟戎女，組織新家庭，一待 12 年。經歷了老爸駕崩，另個異母弟繼位，被政變的大臣殺了，另一個異母弟又繼位，派刺客剷除他，等等戲劇性情節。沒辦法，保命要緊，慌忙棄家逃離翟國。

春秋時代至此，豪門已完全追逐權益，宗法制度不再有約束力，豪門兄弟骨肉相殘，已經成為家常便飯，因為，權益的繼承或佔有，最大的威脅，就來自所有的“有資格”來搶位置的人。

按史料的記述，現實情況由不得他有大志，但重耳顯然是有才幹的，不然不會有一幫能人死忠，緊緊追隨，當然，他們也是押寶，重耳若不得為君，他們也不得富貴。他們從山西，幾乎一路討飯到山東齊國，餓到不行的時候，有個超級粉絲，**介子推**，甚至割自己大腿肉煮給重耳吃，重耳想不感動都不行，他的意志力和野心給啟動了一點。

到了齊桓公地盤，到底是霸主，不但補給充分，還嫁個宗室美女給重耳。因為，看出這幫人不簡單，拿生活享受來綁住他，沒準押對寶，將來若真的做到晉國君主，對齊國也沒壞處。過沒多久，桓公死了，但重耳已經樂不思蜀，看不出齊國即將衰弱，繼續賴在繁華的齊國都城過好日子。可他的新老婆不愧是桓公宮廷裡見識過大場面的人，大約在西元前 638 年，幫助重耳死黨一起灌醉重耳，拉上車就往西南走去。。。

重耳一行再度顛沛流離，一路上，礙於晉國威名，小國惹不起，只有打著仁義旗號的**宋襄公**，雖新敗於楚，仍然接待了一下他們。惹得起晉國的，過去幹過架的，只剩下秦、楚，只好奔楚國試試運氣了。

**楚成王**接納了重耳，並按諸侯的規格，厚待他們一行人，安置在郢都（今湖北荊州），相當於今天國際間的接待了美國的叛逃流亡大款。那時的楚成王，志在中原，北擴途中，偏偏碰上個政治夢想家，**宋襄公**，宋國，比鄭國更小，但宋襄公卻打出仁義治國的號召，想跟齊桓公、鄭莊公一樣，過把諸侯盟主的癮，西元前 638 那年，楚宋交戰於泓水（今豫南柘城縣境內），宋襄公超現實地表現"仁義"：楚軍渡河時，不讓宋軍發起攻擊，楚軍渡完河、沒集結列好陣，也不讓宋軍發起進攻，並且事先交代**"不擒二毛"**（不俘虜有白頭髮的敵人）。結果，宋軍當然大敗，宋襄公本人中箭負傷，第二年病死，徒留"仁義盟主"的夢幻與笑柄。（寫傳統中國歷史的文人，為了"仁義"，居然認宋襄公為春秋的霸主之一，比宋襄公自身還可笑。修史，政治話語的毛病，即此可見）

楚成王雖然接納重耳，賓主雙方打的火熱，但在一次酒宴上，成王問重耳："我對你夠意思了，將來怎麼回謝我呀？"，重耳思量一會，答道："將來如果雙方打架，晉軍會先讓讓楚軍，**"退避三舍"**（先從陣地後撤 90 里，讓你進來再打）。

一個流亡的老公子，猶有如此氣勢，楚國臣子立馬建議成王，要斬除後患。楚成王，當然沒有宋襄公的仁義幻想，但奇特的人性很微妙，他大概覺得，跟眼前這個 60 歲的老頭有緣，很好玩吧，或許也不覺得重耳真能是個威脅。

重耳那幫人，居然就在這危機四伏的火山底下度上不錯的日子。
第二年，西元前 637 年，晉君駕崩，重耳的機會來了（要追殺他的弟弟死了）。**秦穆公**很快把他們接到秦國，重耳爽快答應穆公索要的回報條件：幾座鄰近秦國的晉國城池（這是重耳老弟當晉君時答應過、而又爽約的）。於是，秦穆公押下籌碼，把最寵愛的女兒之一，嫁給這個老頭，結**"秦晉之好"**，一年後，派 3000 人衛隊，護送重耳返回闊別了 19 年的故鄉，晉國。從此，歷史上就有了**晉文公**，那幫死忠粉絲也證明了他們不是等閒之輩，後事發展更跌破秦、楚眼鏡。

文公即位掌管晉國，已經 61 歲，沒浪費時間，一年多就把晉宮廷理順。

方法簡單明了：重用士（士，"士大夫"，階級比"卿"低），把世襲的血緣貴族擺一邊。僅只戒除了政出多門的舊習，規矩嚴明，令行禁止，晉國就因此大治（效率提升）。

當然，他沒完全看透，那時，學"文化"，是奢侈品，在這層現實上，卿、士子弟跟王族子弟都是同樣的料，無非，晉文公自己被世襲貴族搞怕了，覺得非世襲的卿士子弟好用些，比較聽話，也比較積極（要名利嘛）。後來，卿士也跟貴族一樣，屢代專權坐大，權在手上，比世襲還世襲，終至三家分晉，也是人性使然（晉文公先祖，不也這樣？關鍵在"權力"）。這是後話。

西元前 633 年，楚成王已實際吞併陳、曹、蔡、宋、衛等江淮之間的小國，兵鋒直達齊、鄭，威脅中原。晉文公聯合秦、齊，三國聯盟抗楚，中間各有許多政治動作，涉及各國君主的妒忌、報復等等心理，非常人情化，不必詳述。

西元前 632 年，晉文公出征，晉、楚兩軍在城濮（今山東鄄城）地區對陣，晉軍果然先後撤三舍，以避楚軍鋒芒，既表達了信守承諾、又誘敵深入，然後決戰。晉軍戰前做了相當澈底的內部與外交的政治動員，結果，大敗楚軍，楚國霸權就此區域化，直至被秦國統一。

之後，晉文公會盟諸侯，比齊桓公檔次更高，周襄王（晉文公扶持的）親自參與，還正式冊封他為"侯伯（霸）"。實際，晉文公在位僅僅 8 年多，即位後 4 年就定下晉國近百年霸業，當然不可能全靠運氣。

晉文公死於西元前 628 年，傳奇一生，他就是那時候的中國世界的傳奇，充滿人情、義理、利益、冒險、智慧、激情、背叛、復仇等等糾結，在人類集群大到這個數量級之前，還真無從預知人性會怎樣流露。人們恐怕至今仍無從理解，一個飽經滄桑的老人，即使是個王者，他會以怎樣的心情來看待終於到手的君位？晉文公一生豔遇不斷，子女成群，他對這些骨肉又會是什麼樣的感情？顯然，晉文公，那個終於上臺的老頭，依然充滿激情，他沒少報復曾經對他不好的衛君、鄭君等等，當然，都在"尊王攘夷"或"公平正義"的名號下，但，不怎麼血腥，甚至，還相當寬大。。。

他即位當權之後，對晉國臣民只做了兩件大事：① 減稅，既鼓勵了農民的生產，又鼓勵了工商的發展；② 任用賢能卿士，重整組織紀律。實質上，把渙散的晉國人心，從上到下，重新凝聚，晉國才有可能立刻展現優勢來面對外部的挑戰。他一死，子**晉襄公**喪服未脫，秦、楚、齊三大國，就立刻對晉國展開攻勢。

西元前 627 年，秦穆公的遠征大軍在崤山險要地區（今豫西靈寶、陝縣）被晉軍全殲，主帥被俘，"秦晉之好"結束。後來，雙方來回報復征戰，晉不堪其擾，秦亦知滅晉不易，促成秦穆公轉向西部發展，反而真正坐大。

這年末，楚成王做最後一試，進軍鄭國，楚軍在蔡國附近被晉軍智取，灰溜溜地撤兵。同年，晉軍還鞏固自家後院，進攻晉北"白狄"，俘虜白狄君主。

晉文、襄時代，晉國卿士頗有 **"士可殺不可辱"** 的精神面貌。滅狄的主帥，在確定晉軍勝利時刻，脫下盔甲，單騎殺入敵陣，以自殺式行為，報答文、襄二主的知遇之恩，因為曾激烈反對襄公釋回秦軍被俘的主帥，說是死諫、抗議、恐懼秋後算賬，都未嘗不可。另有一個士大夫，不知為什麼被主將撤職，覺得差辱，在一場與優勢秦軍對峙的戰役中，帶著小隊人馬，自殺式突入敵陣攻擊，拼命之下，整支秦軍動搖，成為晉軍決勝的關鍵。這些瘋勁死勁，造就了晉國支撐中原的潛能來源。

晉文公、襄公兩代，共只在位 15 年，用了許多將相之才的卿士，自然也費了大勁搞利益平衡，因為他們的君位原本就是天上掉下來的，他們還來不及深植晉國的人脈，就死了。權力，落在正卿（執行長，CEO 也）**趙盾**手上，演變出卿族專權世襲，晉國成為另一個活生生的東周濃縮版。歷史記述有**趙氏孤兒**的顯例，再次演繹了春秋時期人世社會的傾軋、復仇、忠貞、堅定的故事。文襄之後，晉國勢力逐漸衰退了 50 年，居然又發生一件傳奇故事，晉文公曾孫，**晉悼公**，繼位復霸。

歷史記述，西元前 573 年，晉悼公 14 歲時，被眾卿族從周王都洛陽迎立回晉。那時沒有"天才"這個詞，但 14 歲的悼公，面對弒掉前幾個晉君的卿族們，卻完全自在、篤定。一入晉境，這個少年人對那班前來迎立的權貴們說白："我少小離家，從未指望能夠回來，更沒想過要當君王。如果只是要我回來做個虛的王，跟前頭幾個被殺的一樣，我是不幹的，要做就是真的王。你們現在表態，若不願聽命行事，現在還來得及去另外去找個肯做假王的"，當下就讓那班權貴打從心裡發抖。

（2 千多年後的西元 1521 年，中國歷史又偶然地輪迴了幾乎同樣的畫面，這次是大明朝的文官集團迎立一個 15 歲的外藩親王，明嘉靖帝，時間、空間，人間軟體、硬體，配置全然不同，嘉靖與文官集團的暗鬥，方式和結局自然也完全不同。下面講到明朝再敘。）

跟他曾祖父上任一樣，任賢與減稅之外，還加了兩招：① 用世襲貴族的士大夫去教育卿族的青年才俊，重整規矩（務虛的有恭、儉、孝、悌，務實的有禮、法、射、御）；② 豁免百姓對官府或權貴的債務，並規定只能在農閒時徵用勞役，不得妨礙農時。晉國立馬重振雄風。

楚國地廣、人多、物博，念念不忘中原，那時的**楚共王**，當然不會讓晉國安穩坐大，晉悼公即位第二年開始，中國的北盟與南盟之間，不斷爭戰。晉楚雙方進入長期消耗戰的狀態，隨時都要對幹一下，楚共王死於西元前 560 年，一年之後，晉悼公病死。

實質上，春秋時期的西元前 573-559 年時段，可以說是晉楚的"兩國戰爭"或中國古時的"南北戰爭"。誇張地說，這幾乎也是晉襄公與楚成王的翻版，這對老冤家，也是先後逝去。我們可以認為，自從春秋早期、楚國稱“王”不鳥周王室起，“南北戰爭”已經開始，只不過，晉文公治下的晉國更凸出地承擔了屏障中原的“使命”吧。

晉悼公死時，只有 28 歲。或許他最有名的“第一”，應該是洞燭真相的智慧。他清楚地認識到，那時的戰爭，倒楣的是老百姓，所以，儘量收縮戰線，跟北鄰的山戎和談，以便全力面對楚國。當戰事頻繁到老百姓都疲敝不堪的時候，他會及時檢討善後措施，從自己開始，所有官員都將積存的財貨拿出來借給老百姓。史書記載：“（晉國因此）沒有不流通的貨物，也沒有窮困的百姓。雖不禁止謀利，但也沒有貪婪的百姓”、“不製作新的器用（奢侈品）”。。相當於今天的美國叫資本家們、或中國叫貪官們與大款們，吐出存款與庫房囤積、不蓋豪宅、不造新車，以資助國民渡過經濟危機。。！！！！

晉文公、晉襄公、晉悼公，四代三君，在 78 年時段裡，加起來一共只在位 30 年，比齊桓公或鄭莊公一個人的在位時間都短得多。他們治下的晉國的成就，只不過阻擋了秦楚進入中原而已，但他們改造過的軟體措施很多，顯示出“生於憂患，死於安樂”的智慧，以及，軟體制度本身，既彰顯了社會的演化，但也是社會演化的障礙。

傳奇能夠發生，因為社會失序、人腦思想混亂到近乎混沌狀態，無拘無束，自然隨機存在著那樣子發生的可能性。回復高度秩序化的體制之後，人的思想和心情也跟著規範化，那樣子發生的可能性無疑降低到近乎零。這現象，也反映在現代矽谷的諸多傳奇故事裡。

除了上述三位出自中原的霸主外，中原之外也出霸主：

**秦穆公**，西元前（659-621）在位，秦代表了西北的開拓。

**楚莊王**，西元前（613-591）在位，楚代表了華南的開拓。

**越王勾踐**，西元前（496-465）在位，吳越爭霸，代表了華東的開拓。

傳統記述裡的秦、楚、吳、越王朝，據說都溯源自中原相關的氏族源頭，代表了中國大地西北、華南、華東的開拓與整合。嚴格說，這個過程從未停歇，只不過，春秋時期之後，我們可以從秦楚吳越的歷史中，開始窺見中原之外的地區實況。

現代的基因統計分析，顯示，以淮河為界的中國北方"漢人"，跟南方"漢人"，他們的男性基因，都有 54% 比率的華夏標記（第一章裡提過的"羌漢"標記），而南方漢人的女性則保留有 35% 比率的百越標記（北方漢女的百越成分為 19%）。這當然不能判斷出春秋時期的人口流動的實情，因為後來還發生幾次中原人口的大遷徙，但是，母系的百越標記很能說明狀況。因為，百越"黃標"更古老（包含，"東夷"），而且，一般的移民拓殖，總是男性流動較多（征伐或逃難），當地比較不流動的母系基因，更能表現出文明或血緣的擴散方式。

傳統中國歷史，充滿中原話語，北方漢人主導中國政治與歷史的過程，直到唐宋，所以，秦楚吳越記述裡的中原根，政治性太高，不大可信。直截了當的認證，應該運用現代分子遺傳學，對古白狄、古中山國（西元前 500-300 年，在晉冀陝，太行山區）等偏遠地域（比如陝北、晉西的米脂、綏德等地）做基因分析，以分辨傳說裡的姬、嬴、姒等古姓與羌、戎狄、百越、苗瑤的關係。不然，全都往上掛鉤成黃帝或商周的分支，卻明顯有膚色與形態差異，未免太忽悠自己。更何況，邏輯來看，夏、商、西周，根本沒有達到長江流域的實力，憑什麼分封到江南的無錫或湖北宜賓？跟現在憑空分一塊美國地盤給你一樣荒唐。

今天南北漢女的古老黃標成分（百越、苗瑤等等），透露出，長期以來，中原文明不僅文化擴散、基因也擴散。文化，還可以學習而來，血緣則必須伴隨人口流動。流入的人口男女比率失調，就必定發生大量婚娶土著女性的混血現象，才會形成今天人口的基因比例。可以想像，春秋時期，各地人群裡的"本土"基因比例一定高得多。

毫不誇張地說，西周東遷到黃河東邊的河南洛陽，跟後來的東晉南遷到

120

江蘇南京、南宋南遷到浙江杭州，所引起的文化擴散漣漪，有點類似：政治中樞地區很熱鬧，權貴爭奪位置和"已發展地區"，政治邊緣地區反而大搞建設，人群忙著開拓"發展中地區"。

傳統中國歷史記述，不食人間煙火，注意力不及此，以至於各地的開發史大片空白。華東當然不是沉寂了幾千年就突然蹦出個吳越爭霸（西元前514-473年）、吳王闔閭、夫差父子、跟越王勾踐等等故事。秦、楚、吳、越的記載，跟晉、齊的記載相比，明顯存在時空上的空檔與錯位，只能說是"中國"（那時，仍指的黃河流域的中原）過度泛政治化的意識形態，造成傳統歷史記述的落差。這，毋寧是全人類迄今為止的"常態"，歐洲史的偏見只多不少（比如，什麼鳥事都往上掛到希臘，而"古希臘史"基本上就是故事傳說而已，編造的比三國演義還荒唐，跟三皇五帝差不多），人們需要正視"話語權"的荼毒，從偏見中解放出來。

（四）　**秦穆公**，他比晉文、齊桓更像君主，珍惜人才，寬豁大度

秦人來自甘肅，這是秦人自己的記述，比較可信，所以，秦人的羌、戎成份，應該大大於周人。秦的先民部落，有可能是在比較單純的農業文明擴散下形成的，他們也一直是周的附庸國或傭兵。周平王東遷時，秦才被封以岐山（今陝西寶雞）西邊地域，算是合法進入陝西。春秋早期，陝西幾成真空狀態，秦土不斷東擴，秦穆公即位時，已承繼關中大部，儼然西周架勢。再向東擴，就得跟晉國打架，所以，秦穆公的目光，一直緊緊盯住晉國。

秦穆公身上有許多特質，是當時已開發了幾千年的中原農業文明體制難以形容的。比如，有名的**"穆公亡馬"**的故事，他的愛駒，被馬場附近的老百姓宰了加菜去了，等他自己找到一群正大吃大嚼的人群，他倒說：吃馬肉，要跟著下酒，比較好吃。居然，立馬給這些人配酒喝。部下要殺這百來號人謝罪，秦穆公不讓殺，無罪釋放，當然，這些老百姓都感覺很爽。後來，秦晉交戰，有一回秦穆公在陣地上，差點被晉軍士兵圍住，緊要關頭，突然有個百來號人，拼命殺進重圍救駕，事後他問

121

這群秦兵，才知道，原來就是吃他馬肉的那些老百姓。。。

又比如，他知道秦國相對落後，就從中原各國求取人才，有名的**百里奚**不肯伺候秦國，輾轉流落到楚國為奴，楚國也求才，但居然不知道百里奚有才。秦穆公鍥鍥不捨，不動聲色地拿五張羊皮把百里奚這個老"奴隸"換回來。百里奚，又把另一個老友，**蹇叔**，也拉來秦國一起幹。後來，晉文公死後，秦穆公想趁機搞一下晉國，不聽這二老的勸，還指定他們的兒子們做主帥，勉強東進，出師前，二老哭著為兒子們送行，秦穆公不爽道：怎麼，觸霉頭呀？二老回答：大概再見不到兒子了，傷心呀，怎能不哭？結果，西元前 627 年，秦全軍覆沒於崤山。等到晉襄公釋放被俘虜的主帥，秦穆公穿著白衣裳迎接，不但沒殺他們，還自己主動承擔責任說：都是我的錯誤決定造成的。繼續重用這些青年將帥。自然地，他們更加死心塌地，一心復仇，在穆公死前，終於重挫晉國，為秦國取得黃河以西的晉國城池，雖然不多，但把晉國勢力逐出河西，穆公也算威震中原了。

秦穆公很實在，西元前 624 年再度攻晉，秦軍如入無人之境，迫使晉軍堅壁清野、避不敢戰，算是復了仇，他到崤山祭拜陣亡將士之後，就撤兵，以黃河天險跟晉國對峙。

秦穆公清晰地認識到，那時的秦國不足以跟晉國為敵，回頭轉向西部擴張，西元前 623 年，兼併了陝、甘、寧交界處的幾十個諸戎部落國，真正為秦後代，打下穩固基業。

這是個很有趣的人物。當時流行諸侯聯姻外交，**"秦晉之好"** 時期，他是晉君主的姑父兼岳父，可女婿卻爽約，不給他河西的晉城。後來，晉國饑荒，秦依然送糧接濟，等秦國饑荒時，女婿不但不給接濟，還趁機派兵打他，晉軍被打敗，送了太子來做人質，秦穆公居然也嫁個女兒給太子，同時做晉君父子兩代的岳父。這個小女婿很不堪，回晉國搶君位竟不告而別，秦穆公就把重耳接到秦國，護送<u>重耳</u>回晉做**晉文公**，依然做晉文公的姑丈兼岳父，管它禮制不禮制的。秦穆公認准的政略，完全一面倒向晉國，要鎖緊跟晉室的紐帶。直到他晚年覺悟，黏不住、打不過，掉頭立馬開發大西北。

有名的故事，**"伯樂"**相馬，也跟秦穆公有關。秦穆公之死，非常破格，177 人殉葬（包括當時很忠心的三兄弟武士），是西周之後 150 年來之最。怎麼看，他都有點草原酋王的風格。。。粗獷、大氣、直率、不拘小節。

（五）　**楚莊王**以及**吳越爭霸**，代表華南和華東的開發進入歷史舞臺

雖然近代考古發掘顯示，"南蠻"或"東夷"先民，老早就沿漢水與淮河水系，將稻作帶進中原華夏王朝，不過，那時是自然擴散性質的移民落戶，稻米或小麥出現於中原，僅只表明了各地區的"可通性"。

夏商周三代時期，華北中原的經濟與文化，無疑高出華南、華東。擴散到中原的"蠻夷"先民，不大可能有動機力（或找得到路）返回原地，連人群與文化都融合在中原鍋裡。到了東周時期，中原的人口與科技，高出華南和華東很多，競爭優勢則必定帶來更大的人口增長。這狀態，要到千年後，五胡亂華、東晉南遷，才開始逆轉。

史料對華南、華東的記述，有點矛盾，但可以窺見端倪。

比如，敘述楚國來源，說是分封諸姬姓子弟於河南丹陽（今河南淅川，豫西南近漢水上源地區）。但又說，封了外姓的熊氏於荊蠻（湖北武漢，江漢匯合地區），號"楚"，而楚"素有異志"（從來都不是順民），為防南蠻北上，所以封諸姬子弟於"漢陽"（漢水上源之北）。準此，以周王朝的實力，要封親貴子弟到吳越"斷髮文身"之地（剪短頭髮、紋膚刺青的族群），那純粹自我忽悠。最多，也就只是封諸姬於淮南江北地區（陳、蔡、宋等），以防備"南蠻""東夷"，如此而已。

另外，對四川的巴國（重慶地區）、蜀國（成都地區）也有所記載，提

到蜀國的 **"開明王朝"**。根據已有的考古發現（大溪文化、三星堆文化），以及，分子遺傳的基因分析證據，從文明演化的年代、地緣、糧食作物等的邏輯來看，巴蜀先民，多半屬於苗瑤血緣與大溪文化，正如吳越先民之屬於百越血緣與馬家浜文化那樣。因為，漢從羌分支很晚，是 6000-8000 年前的事，那時大溪文化與馬家浜文化都已存在。羌、藏分支更晚，約 3000 多年前，那時三星堆跟金沙文化，也都早已存在。史料的記述，寫史的人不會早於 2500 年前，而且不會以 "文明" 的角度去瞭解中原以外的族群，巴蜀的羌藏淵源的描述，大概只是想暗示，他們是 "蠻" 人。

中原之外的故事，我們只好推理：7000 年前才有漢族、4000 年前才有夏國，三代時期的華夏族群馬上拓殖到四川、兩湖、兩江去種稻米的或然率等於零，何況那時的黃土高原還很空曠。

回到**楚莊王**的故事。

楚國很早就不鳥周王朝的 "規矩"，西元前 750 年代，稱王，跟周王朝對等，充分表現出傳統中國歷史經常指稱：某國世代伺候我朝、"朝貢不絕" 的忽悠性。

（後來的歷史有太多證據說明，周邊各國，經常只是商人來做生意，中國的官員對外商說：你不是來 "朝貢" 的話，我國是不跟你們做生意的。於是，商人機靈，搞點高檔的物品、寫個外文的文件、給點賄賂、讓中國官員按 "中國規矩" 翻譯文件成謙卑的正式文檔，不就是正經八百的官派 "朝貢" 團了嗎？反正上面也沒見過老外。各說各話，中國人自導自演、還自以為高級罷了。最有名的笑話，本世紀才揭露：大明朝為朝鮮與倭寇事件，跟日本幹了幾架，派去日本接觸的特使是個中國商人，此人透過朝鮮的 "日本通" 和日本商人一起去見日本官方，也就是當權者（不是日皇），結果：明庭 "賜" 日皇的金印（有 "倭奴國王" 字樣），被日本下面的某將軍扣下、當作傳家寶，日本官方和宮廷根本不知道有那麼回事。。。傳統中國歷史中，關於“朝貢”的記載，都有從嚴認證的必要，所有查無實據的記載，都應該修正，人們不應被阿Q到底）

楚莊王即位時，晉國模式已經感染到各地區：卿士權臣當位，世襲壟斷王庭權力。那時，晉國的**趙盾**家族是實質的江湖盟主，比晉文公在世時還牛。同時，楚莊王老爸也是殺父奪權才做的王，楚國也有大批的權臣弄政。上臺，是表面文章，被權臣們挾持，低聲下氣倒是真的。楚莊王在這形勢下，有意無意之間，花天酒地，不准勸諫，還藉葬馬做文章，羞辱朝臣。

西元前611年，幾個聰明的士大夫別出心裁，讓莊王冒頭，就是“**一鳴驚人**”的典故，故意問莊王：有只怪鳥，在京城待了三年，不叫又不飛，在幹嘛？莊王笑答：那鳥，三年不叫，要一鳴驚人，三年不飛，要一飛沖天，等著瞧吧。。。

後來，他跳開卿士，直接就到發生戰役的現場指揮，打贏了，有點威望了，便慢慢收權。楚國復強，苦了鄭、宋等國，夾在晉楚間、左右為難。

西元前606年，晉國趙氏弒晉君，這時，楚莊王已藉著連年北伐，收了不少兵權，他不無得意地陳兵於周王室直屬地，還“**問鼎中原**”，故意向前來安撫的周王特使詢問，王室的國寶重器長啥樣？多大？多重？一副準備收了回去的樣子。特使是個老經驗高手，回答：“**在德不在鼎**”，意思很明白，您老德行不夠的話，搬回去也沒用。結果，莊王撤兵，還沒回到家，楚的權臣已經叛亂，莊王運氣好，沒被射死，僥倖勝利，於是，虛化“執政官”權位，恢復王權獨攬。

此後，聯齊制晉，年年北伐，陳、蔡、宋、鄭、衛淪為戰場，西元前597年，滅鄭、並置為楚國郡縣，而且在鄭國大敗晉軍，楚莊王終於達成“**飲馬黃河**”的夙願。但晉國到底不是省油的燈，2年後，開大部隊到朝秦暮楚的鄭國郊外閱兵，楚莊王看到晉國氣焰復熾，就拿晉的盟友宋國開

125

刀，宋都城被圍困到城中易子相食的地步，晉國竟畏楚勢而不敢出兵相助，但楚軍也糧草不濟。西元前 594 年楚軍無功而返。

西元前 591 年，莊王病死。楚莊王也留下許多傳奇。他的王后，**樊姬**，大概是當時最被稱頌的女人，美豔賢慧到足以駕馭莊王。在她的誘導下，莊王得到並重用**孫叔敖**（就是那個殺、埋兩頭蛇，免得別人看到的故事），孫叔敖任上做了幾個中國最早的大型**水利工程**、鼓勵農閒時上山採礦、恢復小錢流通（增加貨幣流通量，遏止通貨緊縮引起的經濟危機），當然，也嚴整軍紀。孫叔敖自己不在意權位，跟莊王搭配的很好，但也無法阻止楚國王族與卿族間的權力傾軋。

楚莊王死後，屈氏卿族被鬥垮，其中一支輾轉投奔吳國，吳國因此漸強。爭權奪位的王族子弟則面對西元前（573-558）晉悼公的再霸，束手無策，之後只能跟晉國談判裁軍（**弭兵**），西元前 546 年裁軍談判後，晉楚的疲敝終於帶來短暫和平。

春秋末圖　　　轉載：百科互動，西元前五世紀中原王朝。圖源：李海斌

西元前 506 年，吳王**闔閭**僅以 3 萬部隊、**伍子胥**（楚人）為主帥、孫武為將，擊敗楚軍 60 萬，攻入楚國都城郢都，伍子胥鞭屍楚平王，為父兄報仇。2 年後，吳軍再次攻進郢都，楚國只好遷都，淪為春秋末的華南病夫。

西元前 496 年，吳王闔閭進攻越國，受傷而死，臨死交代繼位的太子**夫差**報仇。2 年後，夫差打敗**越王勾踐**，勾踐忍辱到吳王宮廷伺候夫差 3 年，**臥薪嘗膽**，厚賂吳國權臣，得以返越，並於西元前 482 年趁大腦發漲的夫差正在黃池（今河南封丘）爭當中原盟主的時機，只以萬把人的軍力，便打下蘇州。逼的夫差立即帶兵回吳，自然也就不再有北伐爭霸的事。西元前 473 年，越王勾踐滅吳，很快成為春秋最後一個武林盟主。

吳越各自留下一些傳奇故事，比較好玩的是越王勾踐身邊的**范蠡**（平民出身），據說他通達人情，助勾踐復仇後，急流勇退，浪跡江湖為商賈，三次成鉅富、三次散家財。這傳說，很有道家莊子逍遙派自在的浪漫，大概是個真實的故事。另外便是，吳王夫差開鑿連接長江與淮河的**人工運河**，使南方勢力迅速達到宋、魯、齊，並且真正促進了國際貿易。

整個春秋時期的 294 年間，幾乎年年有戰事，頻繁、短暫、一般不太激烈，典型的城邦戰爭。秦穆公動員秦軍侵晉的崤山戰役，兵車至多不過 500 輛，亦即，2000 車兵，加上步兵，恐怕也就萬人之數。這時期，諸侯國能有個 5000 輛戰車，2 萬車兵，已達到國力極限，當時社會的生產力和組織力，也就這個數量級。從晉文公直至楚莊王，戰役緊急時，身邊的近衛兵車，可以少到只有 20-30 輛，才會有秦穆公被圍的險象發生。即便 "吳越爭霸" 那麼大件事，試想，蘇州到杭州，能有多遠？兩個霸權國家嘢，但記述裡，吳越交戰，似乎也就各自萬人的數量級。

越王勾踐晚年，正好跨越春秋、戰國的分界線。春秋結束，邦國的數字只剩 20 個左右，大約每 2 年消失 1+個 "國家"。但 "中國事物" 的範圍，卻無疑擴大不少，楚、吳、越、巴、蜀、西戎、北狄，都已出現於中國世界的政治、文化、經濟、社會的影響下。周邊地區，包括戎狄，跟中原的互動，無論是入侵、爭霸、征伐，甚至巴楚間的摩擦，最終都成為中國世界裡的大事件。

春秋的國際政治，可以用自由碰撞、自由磨合來形容。個子大的幾個（晉、楚、秦、齊等），各自都想維持或建立對他們有利的"秩序"。兩百多年下來沒見分曉，原先那套軟體、那套方法，肯定是不靈了，無從修補。

## （乙） 經濟， 先瞧瞧當時流通的各國**貨幣**和物產：

春秋周晉齊、戰國**韓趙魏楚** 　　刀幣　　　圜錢　　金幣(郢爰)　　銅貝(蟻鼻錢)
　鑄幣（布幣、鏟幣）　戰國**魏秦周**　楚戰國　　戰國楚　　春秋楚

铜锄　　　华东南的：原始青瓷，　印纹硬陶

城市的數量和大小，直接反映當時社會的經濟分工與規模，史料記述說，齊都臨淄發展成為 7 萬戶口的大城市，估計，各大國都城也不會太少於 7 萬戶口數量級。

128

老百姓要過活，生產的東西要交換，就非用貨幣不可。我們沒有足夠數據去估算當時的人口、人口增長、經濟規模，這些社會實際情況，已經被現代人知道，是歷史演化背後的主要推手。但，僅僅比較春秋早期與春秋晚期的中國世界圖例，也能感覺到，隨著地域擴大，經濟覆蓋區也擴大，人口增加，經濟規模也增加，農工商生產力無疑隨技術增長而大幅增長，即使像管仲、孫叔敖那樣的治國高手，怕也未必看到農工商增長以外的問題：流通。自有人類社會以來，經濟，生產、分配、流通，一直是個長期的學習、優化、適應的過程。

春秋各國貨幣，林林總總，有一點是一樣的：那時沒有人真正知道該怎樣運用貨幣來做好分配與流通。這比現代的印行美元、人民幣等複雜，那時，肯定還存在物物交換，不用說，"信用"還沒制度化為"金融"。當然也就沒有現代金融的危害。

不過，即使在那麼原始的經濟裡，比如，用**蟻鼻錢**（一種銅貝）的楚國，到了楚莊王時代，也碰到通貨不平衡的問題，因為，到底鑄過多少錢？經濟怎麼樣？楚國政府也不知道。後來的秦漢銅錢，甚至流通到明清，大概，交易媒介的銅錢，發行量不敵經濟增長，老百姓只好抓到什麼用什麼。楚莊王發行大錢與金幣，最終還是靠孫叔敖增發蟻鼻錢過關。

春秋時期，農業不用說，手工業也很繁盛，重要的工藝發明有漆器（上圖右，木豆碗）。中國用漆很早，浙江餘姚河姆渡出土的天然植物漆器，超過 7000 年歷史，銅器的雕刻紋飾趨於精細，陶（已出現原始青瓷）、石、玉、木，都各有專業。原來是統治象徵的青銅器，西周之前，都是專用的模具，每鑄一件器物，得專開一個模，"範"。春秋時期，銅器開始從禮器的角色普及於富貴之家日用品，並開發了可以多次使用的模範與配套的鑄造工藝，出現了銅鋤。建築用陶，如磚、瓦、管，開始制式化。民眾日常用陶器，模印紋飾，實際是後來雕版印刷的源點。

關於物價方面的記錄不多，周、晉主要用鏟幣，平常年大約每石粟值 15-30 錢。貨幣種類繁多，只好本地化，因為匯兌計算很麻煩。高利貸盛行，是當時階級剝削的直接反映（或許也有通貨不足的經濟原因），所以，各國都出爐不同層次的 **"重農抑商"** 政策，以收攏民心。這個問題，也成為 "中國特色"，從春秋時期煩擾中國人直到今天。

從刑罰的內容看，私有財產制度已經被相當嚴格地維護，對偷、盜的懲罰越來越嚴。

從群眾事件的次數看，這時期似乎只發生 2 起平民造反，一次在魯國（西元前 475）、一次在鄭國（西元前 522），魯國的平民起義規模較大，首領 **柳下跖**（盜跖，有個著名老哥，坐懷不亂的 **柳下惠**）聚眾近萬人，縱橫了一段時間，被當時的人們廣為議論，他的理念 "耕而食，織而衣，無有相害之心"，很像道家理想，連孔老夫子跟他談話都討個沒趣。後人評說：**春秋無義戰**（因為鬥爭都是諸侯間的權益傾軋，但，按此準則，那人類文明幾千年，幾乎沒有義戰。。！！），如果有的話，柳下跖的為理念揭竿而起，絕對算個義戰，可是歷史記述著墨太少，無由瞭解細節。

連同孔子周遊列國的記述，整個春秋時期，似乎老百姓尚可過活。社會經濟，至少是勉強過關的吧。

據現代的統計調查，春秋的社會名流（全是政治活躍人物），貴族或士族出身的比例，超過 3/4，華北尤其明顯。戰國時期，這比例下降到 1/2。這反映了，整個春秋時期，知識與文化，仍然是當時社會人群的奢侈品，不是民生用品。

## （丙）思想

人類社會就是需要聚眾大到一個數量級，產生足夠的心智互動，才會蹦出智慧的火花。就在中國春秋時期的兩百多年間，人類社會再次 "巧合"：西亞的伊朗出了瑣羅亞斯德（Zarathustra，西元前 628-551 年），成立祆教（拜火教），將當時伊朗的多神教凝結為一神教，最終成為西方世界最主要的宗教平臺（耶、穆二教的思想源點）。南亞的印度則出了釋迦摩尼（佛陀，約西元前 560-480 年），成立佛教，改良當地吠陀統治集團的婆羅門教義，普渡眾生，及於所有被征服的平民大眾，最終成為東方世界最主要的宗教。

孔子與佛陀幾乎同時，他們又剛好接在瑣羅亞斯德之後，而佛、儒、耶、回的基本思想，此後任何時間點的信眾都占全球人口八成，人類這方面的軟體，2500 年來，幾乎沒變。

那時的中國人，為後世留下了什麼智慧軟體呢？

## （一） 易經

易，做為一種占卜方式，夏代就已存在，超過 3500 年歷史。八卦，作為一種符號（或許是記數或算數符號），就更早，三皇五帝時代已經存在（傳說是伏羲發明的）。大自然的宇宙運行是有一定規律的，數字，無論用什麼進位來表達（10 進位，或 12 進位，或 2 進位），本身就會反映出規律性。所有早期的人類文明，都對數學著迷，都會產生 "術數" 迷思，將數字排列跟 "天道" 掛鉤，其實反映了人腦思維的理性萌芽。

從八卦到易經占卜，迷信嗎？不儘然。人類對自然的探索、找答案，都是從迷信開始的，直接就是宗教的源點。

就上古人類的智慧而言，數字既然反映了宇宙的某些神祕規律，人們就把數字排列當做通往大自然的一把鑰匙，解釋並接合人的現象（嫁娶興衰等等）與天的現象（雷電風雲等等）。這是很原始、很自然的理性推理，所有上古人類族群都想 "通天" "通未來"，人腦不喜歡太多 "未知"，喜歡瞭解、預測事情的軌跡。

所有早期人類文明，"知識"，天文曆法等的自然規律及其闡釋，被 "神權" 代理人（祭師、僧侶之流）壟斷，所有早期人類社會的管治，神權與王權之間，都存在合與分的演化過程。部落與國家機器出現的時候，常常是王權兼併了神權。比較確切的人類歷史中，古安納托利亞、古埃及、夏、商、美洲的瑪雅和印加，國王也常是頭號祭司，甚至神格化。

夏人占卜，我們還不太瞭解。商人很迷信，巫卜，主要烙炙龜甲。出土的甲骨文很多，反映了相當有趣的中國文明理性化程式：商王或"巫"（祭司）根據龜甲裂紋來占卜、預測，"史"（記錄官）在龜甲上記錄他們的預言，過後，並在原來的甲片上記錄應驗的情況。中國古人，已經發展出一套統計學，雖然不免過度地將人世現象跟自然現象掛鉤。

占卜，當時被當成一套學問，雖然迷信，但也姑且可以叫做"自然學"。幾千年內，中國古人積累了大量統計數據與人為的象徵性解說，當然，問卜的內容直接關聯到當時人們關心的大事，比如，水土、氣候、戰爭，比如，婚嫁、旅行。

夏商兩代的易筮（類似抽八卦簽），不是主要的占卜方式，甲骨文不大記載。發展到西周，傳說，周文王還是"西伯"時，被商王囚禁，不可能烙龜甲（要許多道具），大概在牢裡無聊，就排易筮，演算出64卦的周易，以別於夏易、商易，主要是卦的排序不同。周文王原來怎麼寫的周易文本，已經不可考，僅只是傳說。

流傳到春秋時期，周易文本內容，包括歷史典故、宇宙觀、社會觀、人生觀，已經成為那時代中原文明最主要的哲學思想，傳說，孔子等知識份子，又給它寫了"傳"（注文，注解的文章），附在周易裡面，就是後世的易經。這已經遠遠不只於占卜用途了，實際是做為一種概括天地人的基本思想。然而，易經多處列舉西周後期故事，因此可以確定，周文王不會是易經的唯一作者，這是本中國古人長期的集體創作，所彙集的是那時的前人對周遭一切的象徵性解釋。

雖然如此，或者正因如此，易經是中國諸子百家思想的總匯或總源頭。中國人，中國式文明的思想，很難超越易經範疇，因為，後來歷代中國知識份子的繼續附會與發揮，添改了易經的內容。考證各個時期的側重或擴充的元素，易經演變的歷史便大致了然，比如，陰陽五行的說法，是戰國之後摻進去的味道，春秋各家史料都沒有這個思想，反映出，現在許多易經版本，是漢代陰陽五行時尚思潮下的修改版。

很難還原易經原貌，除非夏商周考古出現實物證據。現代出土戰國楚簡與漢初帛書的易經版本，可以上溯到戰國時期的易經面目。

針對易經思想，現代的研究，重點大致歸結如下：

①　如果單純作為占卜書籍，排序上，周易以乾坤卦（天、地）開頭並排，商易以坤卦（地）開頭，夏易以艮卦（山）開頭。顯示，夏商周族群的生存策略已經有所不同： 夏人仍不脫拾獵習性，山林是他們欲求的環境；商人已完全定居農耕，土地是他們欲求的資源；周人則已智慧大開，講求適用大自然與大地的規律。

　　但，夏商周的祭師們，通靈另有求神儀式，拜神占卜問事。以易占求的是，行動去向的吉凶。卦象本身的原始含義，也是方向或方位的數符。後來漢代的陰陽五行家們，才加以附會到陰陽五行，甚至改動排序與說辭。

②　周人對鬼神不大迷信，也不那麼迷信占卜。周易文本，多處顯示，易經不像是占卜書籍，甚至反對占卜迷信。周王朝史料，提到周武王滅商行軍之前的卜卦，是凶兆，然而，武王依然堅決開戰，不為所動。或許，周人根本不把周易當成卜卦書，以孔子為代表的儒家學派，注解、提倡易經哲理，但鮮少問卜的記載（孔子就沒有），在這點上，孔子的確是周文化泛理性的代表。

　　可以說，周易，卦象的排序，只是方便了占卜師拿來應用而已，畢竟那時的神權代理人還有些話語權。周易，卦辭文本，更像是分析社會世事的說明、治國的方向或解說，卦象則更像是記數標記，成對出現正反兩例 32 對。

撇開易經可能被當時祭師拿來抽籤卜卦的關聯，超大氣的易經說辭，實際反映了周王朝的理性文明特徵，這才是聯繫夏商周文明演化的實情。

相對於商王朝，周的藝術相當人文，連美術都"去巫"，圖案比較柔美，猙獰的宗教氣氛大大降低，人殉也數量級地減少。

③ 思想上，易經顯示出那時候中國文明的思維特質：
   ♦ 結構上的二元論，如，東西南北、內外、上下、大小、古今…
   ♦ 性質上的相對論，如，精神/物質、動/靜、虛/實、陰/陽…
   ♦ 運作上的統合論，如，簡易/變易/不易、天/地/人、泰/否/濟…
   ♦ 事物的存在是辯證的、演化是動態的，事物相互依存，"有備無患"
   ♦ 人道，只是天道的一小部分，但人可以"自強不息"以適變。

易經可以說是 3000 年前，智人在中國大地的、長期的生存與生活經驗（以及對宇宙的思維）的總結。能夠在當時當地的物質條件下，推演出以社會現象為觀測點的眾多論述，包括唯物的相對觀、精神與物質的辯證觀，非常非常不容易。

數學上嚴謹的 2 進位制，西元 17 世紀末，由德國人**萊布尼茨**（Leibniz）發明出來，他跟英國人**牛頓**（Newton）還分別發明了**微積分**，奠立了現代數理科學的基礎，西方"科學"的原意，實際就是"自然哲學"。易經的 64 卦，應用了 2 進位法則，但中國前人也就僅只把它應用在這 64 卦，並沒有窮究宇宙背後的數理（比如，"2 進位"）。當代中國人"易經與電腦"的聯想，都是不懂易經的非理性言語。

正是易經式的盡力客觀、理性的思維，造就了春秋戰國中國人思想的百花齊放、百家爭鳴，也正是後代中國人把易經"返祖"夏商、縮小應用到占卜，使得 3000 年來的易經停滯於春秋戰國的 "思想" 水準，成為偉大的思想考古的對象。

實際上，到春秋時代為止的，黃土高原上的前人，業已在陝西渭水（關中）到河南（中原）、山東的黃河流域，生存了 7 千年以上稼穡的時光，並積累了千萬人口數量級。無論族群的起源文化和血緣來自羌漢或百越，龍山、仰韶或馬家浜、大溪、紅山等等，春秋這時的 "中國" 世界（黃淮流域），人口與經濟，早已高度混同。他們生存的經驗、生活與社會軟體的智慧，宇宙觀、社會觀、人生觀，可以說，都集中、總結在了易經裡，尤其是周人的思想成份。

持續用一本書來表達思想，不斷地擴大、增加內涵，這方式本身就很有意思。也許是硬體的限制（能寫的人不多），或許也有軟體的限制（有限的知識很寶貴），更有周朝社會軟體（宗法封建）設計的理念。總之，春秋那時的中國人，就已經是高度社會化的人了，政治上的正確，喜歡搞集體調和、集體創作。

另一方面，易經，也確實反映了那時候絕大多數中國人的哲學觀。這也是為什麼無論道家、儒家、法家、雜家，無不幾分神似，只有消極或積極的取向不同而已。

跟現代和西方哲學對比，易經的中國面貌立即凸顯出來：

① 非常 "人本"。
   人，跟天地（自然）對等，人道演化也是天道演化，並且是天道演化的極致與目的。中國古人老早認識到，大自然演化到智人出現，才有 "智慧" 這麼回事，這宇宙不但客觀存在，而且還能透過 "人" 來認知，包括現象與規律，渾然一體。人，雖然不是宇宙的中心，卻跟宇宙 "有機" 結合（現代形容詞）。易經試圖解釋，大自然演化出人群與智慧，道理何在？但那時當然對數理化全無概念，易經哲理便全然陷進、並只附著於社會運作了。

② 強調客觀"規律"。

天地（宇宙）自有運作規則（"道"），包括人群社會運作的"人道"，道德與秩序，這些人為的設計與教化，也籠統地被擬自然化了。這是中國古人太早識破天機的無奈。在宇宙浩瀚的數量級與概率背後，要認知"天道"（宇宙）運作，春秋之前，談何容易，於是柿子撿軟的捏，中國知識份子的智力，便專搞人世的道德與秩序去了，成為思想惰性。十五世紀末，明朝大儒王陽明，受印度佛學知識論與天主教僧侶的刺激，也想"格物致知"，但方法學不對，並且也拗不過傳統知識的勢力，畢竟沒能窺見天道。易經對中國唯一的好處：沒有宗教"神"，相當唯物，但道德與秩序的追求，難免主觀、並且附庸權勢、與統治階層合流。

西元 17 世紀，中國哲學西傳歐洲，給當時的西歐思想界，**笛卡爾、斯賓諾莎、萊布尼茨、伏爾泰**等等，造成刺激和啟發，在更嚴謹的西方認知方法學探索下，人類終於捕捉到"天道"規律，就是數理化等科學成就。連同"人本"意識，對西歐奮力解脫耶穌教會的黑暗統治，不無小補。

③ 由於（人本 + 唯物），但又始終捉摸不住天道，長期影響中國知識份子很現實地、內向追求一個能力可及的自我人格（精神上的，當然也是道德上的），用易經的話語，"安身立命"，給自己在無窮變化的宇宙表像裡找個定位（其實是，心理上的慰藉），以便合乎不變的天道本體（現代話語，宇宙是個客觀的"存在"，這不會改變）。

就事論事，其實，易經表達的思想中，上述②是中國古人認知最屬害的地方，①、③則是中國式人本"人的因素第一"，群體比重遠大於個體，個體情欲不重要，人格最重要。這倒湊巧擊中當下拜金、物化、情欲化的時弊，尤其是對"人格"的追求。

不瞭解這些思想淵源，會很難理解中國式文明的歷史中，為什麼還是出了那麼多"傻子"，視錢財甚至生命如糞土，比如，嚴守醫德的中醫、不屈的文士武士、廉潔的官吏、不掠奪不殖民的鄭和下西洋。。。因為，唯物、但不重物，人本裡頭倒辯證出精神追求。

## （二）**管子，管仲**，齊人（今安徽潁上），西元前（714-645）

"管子"成書，戰國之後的事，是假託管仲名義的集體創作。不過，管子一書反映的，倒確有管仲行事風格背後的思想根源。為論述方便，就算做管仲寫的。

管仲，算得上個 "知行合一" 的知識份子，出將入相、真正服務了人民之外，思想深入，直指要害：

① "道之在天者日也，其在人者心也" ，意思是，人心就是人之道，"人道" 的重點在人心，跟天道的重點是太陽（農耕，太陽當然是中心），一樣自然。

② 人心需要教化才會發揮人道，就是**"四維"：禮、義、廉、恥**。但人心是肉做的，所以，需要養護，"衣食足而後知廉恥" 。
這是很實在的 "人本主義" 了，完全沒有虛擬的成分。

管子一書，表面上大部分談論治國、治軍或戰略、戰術的運用，但在基本精神上，非常人性化。強調："兵者，危事也" ，戰爭是大大兇險的事，既反對窮兵黷武去打別人，也反對不修兵備引得別人打你。指出：
　　　　最好的國防 ＝ 修明內政 ＋ 人、器精良，
他其實是針對當時各國政權的浮誇風，點出基本內功的重要性：
　　　　社會要 "法紀嚴明" ＋ "經濟發達" ，
　　　　部隊要 "高科裝備" ＋ "人員組訓" 。

管子，無疑跟當今中國人想要的 "現代化" 是接軌的：

◆ 拓寬了那時 "治國" 的思路，農業之外，工商、政法、培訓等實質性經濟措施，紛紛進入各國視野，給後來的法家、貨殖（工商）開了路。

♦ 整合軍事裝備與人員，包括，兵器的改進、士兵的戰技、軍官的指揮。軍事專業化在農業社會裡並不容易，後代似乎只有明朝的<u>戚繼光</u>做到。

♦ 『人的因素第一』與『硬體裝備第一』之間的辯證關係，或者說，對精神與物質的發揮，"管子"或許是統合最早的、甚至是發揮最好的 **"人本"** 思想。

## （三）**老子，李耳**，楚人（今河南鹿邑），西元前（571-471）之間

"老子"一書即"道德經"，成書約在戰國中期。
歷史記述說，李耳在周王室圖書館打過工，無疑有助於他的學問成長。

老子，應該是中國第一個留下著述的哲學家，發揚智人的理性，歸納出自然主義的道家哲學，"無為"。在當時，直到現代，老子思想，都是了不起的智人的純粹理性的發揮。老子，成為後世"道家"的精神領袖、"道教"的教主。

當然，老子不知道現代的數理化，但認為大自然自有規律，"道"，非人力得以抗拒。不但不能抗拒，還只能順從大自然。人世感覺到的"動"的變化，都只是浸泡在大自然的沉"靜"裡的幻相。宇宙的運作，亙古不變，萬物只能隨宇宙的"道"表現微小數量級的存在。這已經近乎現代物理學的認知了。

他老人家把這道理推展到當時中國世界的人群政治。鬧什麼鬧呀？城邦世界嘛，"小國寡民，雞犬相聞，老死不相往來"，不就立馬天下太平了嗎？欲望，不就是人間煩惱的根源嗎？國家形制，不就是暴力的根源嗎？這些，不都是人為的嗎？

李耳，老子，是個理性的思想家。也許是人類第一個這樣子體會"天道"的人。歷史記述說，孔子還慕名去請教過老子。

智人純粹理性的發揚，早期成就最大的是老子之後 250 年、號稱古希臘的歐幾里得（Euclid，約西元前（330-275）），他的 "幾何學原理" 是人類理解大自然的門檻的大突破，把數字、數學與空間的規律（也是天 "道"）說通了，奠定人類數理思維的基礎。歐幾里得繼承 "古希臘" 三賢（蘇格拉底（西元前 469-399 年）、柏拉圖、亞里斯多德）的學問，他還有個著名門人，阿基米德。在戰國時期結束之前，這些古希臘哲學家們就已經闡述了自然哲學的理念，最終在歐洲發酵，方才成就了人類理性的最大智慧：科學。

（ "希臘文化" 這概念本身，本質上是 500 年來的歐西政治話語，跟中國的 "中原大一統" 話語、美國的 "民主" 話語、日本的 "天皇" 等等話語一樣，屬於政治學或社會學甚至心理學裡的 "流行" 範疇，在嚴謹的歷史、考古中是站不住腳的。建議讀者上網或買本何新教授寫的 "希臘偽史考" 看看。這裡，為了方便溝通，我們沿用西方話語）

科學，最終說清楚了老子尋覓的自然之 "道" 的細節。
人類也並非一帆風順地到達這個境界，歐洲人在耶穌教會的思想鉗制下度過漫長的黑暗時期，是伊斯蘭世界裡保存的安納托利亞（即所謂的 "古希臘"）、古波斯（含古西亞）知識，讓歐洲人在西元 14 世紀起陸陸續續曲折地重新翻譯、認識、回歸、假托 "希臘" 理念的。人們需要瞭解，歷史從來沒有這般設計，無非各地區、各時代的人腦，通的，機緣一到（多半是困厄引起），悟了。

由於重視天道，道家，開發了許多早期的原始科學，比如，化學， "養氣"（氧）對生物的重要性，至遲在戰國結束之前，已經被中國人知曉。 "煉丹術" ，更是化學實驗的原型。

近代歐洲人以科學來 "征服" "駕馭" 自然，這不是東西方前人留下的智慧，近代 "人定勝天" 的概念，是功利意識的。

現代對生態與環保的再認識，又回歸了道家的 "大自然主義" 。

## （四）　**孔子，孔丘**，魯人（今山東曲阜），西元前（551-479）

孔子，後世儒家的精神領袖，無疑是中國的代表人物，很需要真實地還他本來面目。

他的老爸是魯國的武士，那時的士大夫，起碼的低階官吏，也必須有點文化，學習很雜（"六藝"，**禮、樂、射、御、書、數**），可以說，中國的"士"，既是文士、也是武士。孔子生來聰穎、好學，那時的書籍也不是那麼多，很快，孔丘就已經是當代的飽學之士。他幼年喪父、青年喪母，算是清寒子弟。士嘛，出路就是找個公務員的位置做做嘍，20歲左右，娶了老婆，要養家活口嘛，就去領薪水，看管公家的倉庫、牧場，他也老老實實說："吾少也賤，故藝"（我年輕時窮嘛，什麼雜活都能幹一點）。

小國的官場大概也不好混，30歲不到，為了生活，他乾脆去辦私立學校，教書，**有教無類**，只要交點學費，就受教育。這是中國文教大眾化的源點，肯定是當時社會自由化的另一個突破：知識和文化，可以不被壟斷在統治階層裡。門生增加很快，55歲孔子離魯、周遊列國時，號稱已教育過3000學生，留名後世的有72人（數字不用太認真，總之，不算少）。

孔子36歲，魯國內亂，避難到齊國，齊君向他問政，孔子回答：**君君、臣臣、父父、子子**。那時，青年孔子的政治激情，簡單扼要：王要有王樣、做王該做的事，臣要有臣樣、做臣該做的事，父要有父樣、做父該做的事，子要有子樣、做子該做的事，政治自然就清明了。對那時中國世界的亂象而言，齊君很難不被打動。但這樣高度簡化的模型，執行起來，必定踩痛不少既得利益的官僚集團，齊君也不敢貿然空降他到齊國任政。果然，不久齊國士族便傳出要加害孔子的風聲，孔子連忙逃回魯國。

周文化是泛理性主義的，儒家深信：凡存在的，都有個"理"。就是中國人常說的"道理"。人間有秩序、階級、**"禮"**的等差，孔子把這當

成人之道的 **"理"** 了，批判孔老二是統治階級利益的代言人或資產階級的代表，不合實情，他若有幸生在現代，學點數理化、邏輯的，應該不至於把複雜的社會簡單化到這地步。秩序，即便是在一個簡單的物理系統裡頭，也從來就是各項宇宙 "作用力" 的軌跡。在那人智初啟的年代，數據與資訊相當有限，孔老二只不過就有限的數據、做了錯誤的推論而已。

何況，孔老二，幾乎一輩子都自食其力糊口，那兩個階級並沒真正帶給他什麼好處（相反，常常是要害他的），而批判他的現代人，還真沒有 "無產階級" 的。以批孔為手段，從 "無產" 抓權變身為 "官"、"資" 的，倒真不少。

孔子這樣的政治主張，回到魯國也沒人敢用。直到 51 歲，魯君才利用他當一個小城的內城區長（中都宰），一年後再兼管建設與公安，幹的似乎不錯（或者，對魯君有利），53 歲，孔子終於調回首都，升任總檢察長（司寇），立即捲入奪權風波：他太想君君臣臣了，孔子想幫魯君做成個王權獨攬的楚莊王。

結果，55 歲時，魯國權臣們放逐了孔子，他只好帶上青年弟子們，"周遊列國"。周遊列國 14 年，讀千卷書，行千里路，讓孔子愈發成熟。

他的思想，大多表現在跟弟子們的日常對話裡，就是 **"論語"**。
孔子，其實是個蠻好玩的、很真實的、很人性化的，人。
他不喜歡 **"鄉愿"**，喜歡有原則、善惡分明地表白，不做作。
他告訴**子貢**：大家流行的，你不一定要跟著流行，好的，你儘管跟風，不好的，你還只管厭棄。

對於富貴，孔子態度一致：人世都求富貴，我也求，但我有原則性，比如發財，當工農兵可以發財，行，我幹，若發不了財，那就自在唄，愛幹啥幹啥，爽就好。

141

周遊列國一開始，孔子就面臨另一種誘惑，衛國君的寵妾（衛國，今河南濮陽一帶），妖姣美豔的**南子**想見他，按禮（理），沒啥可見的，但他會見去了，大概見出點感覺來，孔子年紀最大的弟子，**子路**，不爽了⋯

子路是個當過官的武士，個性直率，當場給他一陣數落，孔子也像小孩一樣跟子路罰咒：如果我有"那個意思"，天打雷劈⋯

後來，在鄭國（今河南新鄭一帶），他和弟子們走散了，人生地不熟，孔子狼狽地孤立東門等學生們來找他，鄭人笑他**"如喪家之犬"**，他也笑笑說：是那個樣子、是那個樣子⋯

孔子算得上**安貧樂道**，隨緣，自在，也挺幽默。
論語記載的強項，正是這些人情無意間的流露，包括他對門徒們的情感，偏愛**顏回**，以及，對**子路、子貢、子夏、子張**等的濃鬱的、不由自主的個人情感。

他是個很有意思的、相當糊塗的"人"，感性和理性交集的智人。不然，當時哪會有那麼多形形色色的追隨者？又不是去信教，信教還可以得到心靈的慰藉，跟著孔老二，精神上，似乎只是去無限承擔，**以天下為己任**。

仁義，是孔子的原則、理念。但他糊塗到定義不好，究竟怎麼算是仁、義。這也是孔子的政治理念難以得到機會實施的原因。畢竟，不要說現在，就在春秋那時期，僅只靠個人修養，**克己復禮**，來實現天下大同，完全不現實，人性從來多面，而他自己也深刻明白，**"食、色，性也"**，**"性相近，習相遠"**。

所以，孔子畢生的真正成就在於，他的吃飯傢伙，**教育**，傳授知識之外，還傳授<u>自省</u>的功夫，教人洞察<u>自我</u>。這絕對是上上乘的軟體，裝配了這軟體的人，能夠有所成就的概率，絕對比沒安裝這軟體的，大上不只一個數量級。孔子，看到了"教化"對人類的重要性。

孔子上年紀後，真正澈悟、超越的一句話是：**己所不欲，勿施於人。**

作為他一輩子想要的"**仁**"境，這比所有訴諸感性的宗教情懷都高；一神教的"**愛**"容易成為人性排他的藉口，佛教的"**慈悲**"也容易成為人性妥協的藉口。

己所不欲，勿施於人，是智人理性與感性的最佳平衡點，從自我情理深處找到跟別人通情達理的地方。。不是你自己想要什麼東東、就給別人這東東，以為別人也會想要。而是你不想別人強加給你的東東、就也不要強加到別人身上！！

後來傳統中國歷史的政治，拿孔子作幌子，動輒以青年孔子的君君臣臣父父子子來框住人性，肯定不是孔老二的預期。他做夢也不會想到，自己竟然會變成中國儒家的祖師爺。那時候，"**儒**"只是"**知識份子**"的意思，有文化的，都是"**儒**"。

孔丘，是個很熱情的、很執著的、心地善良的人，他盡可能地運用理性去解答與平衡一個感性和欲望社會的問題，如果乾脆去創教，搞個什麼"**孔教**"，或許還能大行其道，人世間至少還是需要精神鴉片的。。但他偏又**敬鬼神而遠之**。。。

但，這就是孔老二，**擇善固執、盡其在我、知其不可而為**，這麼個人。孔子。

一個中國式的希臘悲劇情懷的最佳詮釋，東西方感受的人性，在此合拍，不完整的理與情，不斷地試圖完美，超越空間和時間的距離。

（五）**孫子，孫武，**齊人（今山東惠民），約西元前（545-470）

孫武，在吳王闔閭的敘述裡已經帶過。這人，當然有本事，跟伍子胥一起率領 3 萬吳軍，入侵楚國，打敗 60 萬楚軍，攻進楚國都城，絕對堪稱軍事高手。

歷史記述說，**"孫子兵法"** 是孫武在吳國（無錫）寫的，當年進呈吳王闔閭，吳王讀後大喜，用孫武為大將。

孫子兵法本身，作為人類第一本完整的兵書，確實是把 "軍事" 說的比較透了。把行軍作戰那麼件充滿偶然性的、危險的事，理出一些智人理性可以捉摸的著力點，人們是該給孫武的思想功力一點掌聲的。

春秋時期中國人的思想，比較具有開創性的，主要就是上述五個。

文化，在史官從屬於政權的編制下，傳統歷史記述一面倒向泛政治化，結果是，人們生活的真實面、社會面，技藝和美術的突破，感性的故事，很少見諸記載，成為中國歷史永遠的遺憾。

# 《戰國》時期，西元前(476-221)，共 255 年

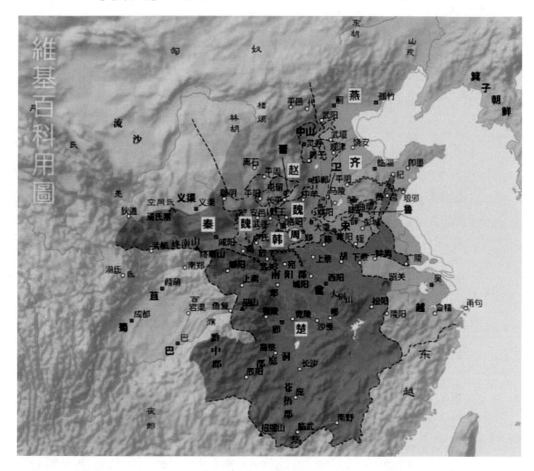

維基百科用圖

## （甲） 政治

為了強化印象，暫且放下春秋戰國，先瞭解一下，城邦 "國" 能長的什麼樣子？

春秋結束後 800 年，東漢再次通西域後，記載了和闐地區東北邊、塔克拉瑪幹沙漠西南角，有個小國，叫做 "精絕國"，現代考古認為，就是今和田地區的尼雅遺址。當時記述精絕國有 "戶 480、口 3360、勝兵500 人"，現在出土的有房舍、橋樑、佛塔、漢文簡、佛經殘卷等。

重點是，"王治"（有個國王）、城防、軍隊（勝兵 500 人，勝，強壯的意思）、人民（哪怕只有 3360 人）、生存方式（那時，尼雅河沒乾涸，綠洲種糧、菓，畜牧）。

類似的"國家"，西元 15 世紀鄭和下西洋，曾俘虜過敵對部落的酋王、也帶回過親善的酋王，他們的邦國，大致都不過萬人。

相對來說，春秋時期的中國世界裡的邦國雖然要大的多，仍然不算太大。關鍵在於，當時的生產方式，比如，草原或叢林，土地、氣候與環境能夠承載的人口大不了，1 萬人的部落國或城邦國，算是可以了。成吉思汗最旺的時候，蒙古草原上也不過 2 百萬人游牧。實際上，那時的中國世界，因為是農業文明的關係，可以養育的人口較多，記載有 120 多個國家的名字，就是大大小小的城邦國。兼併到末代霸主、越王勾踐併吞吳國的時候，越國是戰國初始的大國，但相鄰的國家，一個巴掌數完。

這，就是西元前 476 年，戰國時代起始點的國際形勢：

歷史記述，當時的中國世界，太小的城邦國之外，城池眾多的大國是晉、楚、越、秦、齊、燕。中原小國是鄭、宋、魯、衛，邊緣小國是巴、蜀、中山（晉冀間的太行山區，白狄）。當然，周，仍然存在，周王室，是最小的城邦之一。並且除了少數中原小國之外，齊、秦、晉、燕，無不參雜有蠻夷戎狄的成份與文明，然而，畢竟都浸泡在中國文化的氛圍裡了，風俗、習慣、文字、技藝、用具、政治等軟體平臺，漸漸趨於雷同。

戰國初期，中國世界已經不是春秋初期的眾多城邦世界，而是多極的列強，加上幾個夾縫中求生存的列弱。越王勾踐生前，可以鞭撻齊、魯、宋，但也就到了極限，所有從前的招式通通用老、沒用了。

人們大約是默默地摸索著：老百姓要生存，搞水利科技，搞創新致富；統治者要做大，內搞富國強兵、外搞縱橫聯盟。戰爭暴力發生的頻率倒是破天荒地大降，從年年打仗，變成三年打個兩回；不過，現在一打，就是大戰，越打越血腥。大一統，在這奇特的氣氛裡，逐漸演變成整個社會的要求：農民希望打完了不用再打，因為要死人；工商則希望道路好走，少過關卡少交稅；統治階層，還就是滿足權力欲望。似乎沒有人真的思考過，統一或分治，軟體怎麼設計、安裝、運轉，對社會人群會有啥的好處、壞處。就這樣，打打殺殺兩百多年，打成統一局面。

## （一） 三家分晉之前，西元前(476-403)

越滅吳，雖霸，但**楚惠王**滅陳、蔡、杞，實質佔有淮北。西元前440年左右，楚國想攻打宋國，請了魯國科技人才**公輸班**（**魯班**，那時木作必擅長斧鋸，外行人想忽悠專業，就是**班門弄斧**）到國都來製造攻城的雲梯，**墨翟**（**墨子**，當代的和平運動黨黨魁）為此趕路趕到腳上起血泡，到了楚都，跟魯班做御前沙盤對抗演習，魯班使了各種攻城器械，被墨子一一破解。魯班最後說：還有一招，現在不好說。墨子直接捅破說：不就是殺了我嘛，不過，我的黨員同志**禽滑厘**等三百人，已到達宋城恭候大駕。。。楚惠王只好放棄攻宋計畫，可見，西元前440年之前，300號工兵+堅固的城池，雖大國也奈何不了。但楚惠王的兒子繼位後，仍滅了山東小城邦莒國。

從前面的圖可以看到，強國如齊，依然在山東築了一條齊長城，專用於防備楚、越，大概常被楚、越欺負吧。。傳說，越王勾踐還一度遷都到琅琊（今山東膠南，濱海區），圖謀齊地。

這時段，華北的暴力，大多發生在超霸晉國境內。

春秋中期，晉文公的霸業，倚賴晉人卿士，但春秋末期，秦楚吳越也大量引用非本國人才。這或許是統治集團意中的好處：外國卿士，以專業取勝，在本地不易形成門閥尾大不掉之勢。晉國，就恰恰相反，卿士權大，幾個門閥世家，長期壟斷晉國統治權，他們互相征戰、兼併。

戰國初期，西元前 460 年左右，晉國成為**智、韓、趙、魏**四大家族的天下。西元前 455 年，晉國最大的智氏，假惺惺地提出：每家讓出 100 里地給晉室（其實，晉室正是他們的傀儡），韓、魏不得不從，但趙氏堅決反對。於是智氏趁機押了韓、魏兩家一起進攻趙氏大本營，晉陽（今山西太原）。

晉陽城池險要，三家圍攻經年，仍打不下來，最後，智氏跟韓、魏兩家商量，用損招：堵截河流築壩、然後決堤水淹晉陽。這本是當時禁忌，因為都是以農立國的邦國，哪家的都城都靠近河流，哪家的農民都靠水利，韓、魏兩家一聽大驚、又不敢不從，於是各懷鬼胎地看著晉陽被淹。這時，趙氏的一個卿士偷出城來，找到韓、魏兩家，商量韓趙魏聯手幹掉智氏。

結局：西元前 453 年，韓趙魏三家聯手滅智，智氏死於晉陽，地盤被三家瓜分。西元前 438 年，三家更盡分晉地（只給晉室保留兩小塊祖宗之地）。

因為超級霸權晉國內部動盪，國際間相對無事。西元前 430 年，西戎（義渠國）一度打到陝西渭南，方才被秦軍擋住。然而，這時段裡，秦國三次築**秦東長城**（渭南地區），卻主要為的防備魏國西進的。（可從下面的戰國末期圖例看到，第 164 頁）

西元前 422 年，**魏文侯**，開始**李悝變法**，3 年後，就實施西侵秦國擴土。

西元前 413 年啟用**吳起**（衛人）為將，漸次佔領河洛之間的"河西"地區，直接威脅秦的涇渭糧倉之地，秦國幾乎束手無策（秦曾以近 50 萬軍力抗擊 6 萬入侵魏軍，被吳起指揮的魏軍打敗），秦君為此下令，所有秦人均可佩劍，聊以自衛。此後八十年，秦國被孤立在中國世界的西部，河西地成為魏國獨佔關中商貿利益的關卡。

西元前 406 年，魏軍攻下趙國中部的中山國（白狄人建立的國家），順

148

便 A 了一些趙地（漳水南的鄴地，派**西門豹**治理），既助趙、又遏趙南侵之路。趙國憋的一肚子氣，魏文侯卻立馬合組韓趙魏的三晉聯軍，攻打齊國，擄掠甚豐，直達齊長城，迫使齊割地求和。楚與晉爭了二百年霸權，始終也沒能越過三晉聯軍支持的鄭宋防線。對齊的首戰，殲敵 3 萬人。戰爭暴力的血腥開始大升級。

李悝的變法內容，成為今後中國兩千年的政治範本：

① 制定中國第一部 "法經"，定義明白的法律，類似於西方的法典

② 考選官吏，按能力任職，廢除官職的世襲

③ 農業政策：推廣農副業成功經驗，以 "盡地力"，並實行糧食 "平糴法"（豐年時政府平價購入餘糧，災年再以平價出售。跟管仲 "平準" 的思路一樣，但目標單一，緊緊鎖住：糧食）

④ 國防政策：建立 "**武卒**" 常備軍，對體能、戰技有嚴格要求，平民一旦入選**武卒**（職業軍人），一人當兵、全家沾光（減免賦、役），而且論軍功行賞、甚至升爵。（這也是秦國的公孫鞅，**商鞅**，變法的範本）

⑤ 商貿政策：鼓勵平民經商，跟各國流通土特產品，國家徵收商業稅。（這也跟管仲思路一樣，後來 "鎖國" 的僅只明、清兩朝）

**魏文侯**，西元前(445-396)在位，是這時段的政治亮點，**變法**，變革社會軟體，成為此後中國世界裡的列強風尚。

除了重用李悝、吳起、西門豹（治理鄴縣，廢除**河伯娶親**陋習，開鑿漳水南岸水渠）之外，他還拜孔子得意門生之一的**子夏**（**卜商**，衛國平民，在魏辦學）為師，運用子夏的名聲，請年邁的子夏在河西開班收徒，"文化侵略" 秦國。那時沒有電視、手機，一般的風尚流行，嚮往文化，那時的文化名人跟現在的明星類似，講學，轟動得很，一票難求吧，場地小，又沒麥克風。

魏文侯是最先使用儒家的帝王，子夏門派也成功地將秦國更加 "中國化"，河西的子夏儒家，實即法家的先驅（李悝、吳起、商鞅等 "法家"，都是子夏的門生）。

魏國，其實本錢不大，魏文侯的智慧，了不起。

文侯治下的魏國社會，底層平民可以經由子夏的**文功 "學而優則仕"**、或李悝的**武功 "以軍功升爵"**，兩條相對公平的路子往上爬，對幾近凝固的農業社會底層而言，積極性的調動相當大。（後來，宋朝重文輕武之後，中國式文官政治成形，武功的通路阻塞，底層社會向上的流動性反而減少）

## （二） 三家分晉之後、至東周覆亡，西元前 (403-256)

西元前 403 年，周王室正式冊封韓、趙、魏為 "諸侯"，其實，三家早已分晉。魏文侯更早於西元前 424 年便已稱侯。

中國世界八強，韓、趙、魏、齊、楚、燕、秦、越，正式登上歷史舞臺。

這時段，中國世界列強，政治上吹的是 **"變法"** 風，向魏文侯學習：西元前 383 年，為魏文侯拓地並治理河西的**吳起**，受到魏官僚集團排擠，**被楚悼王請去楚國變法**，第二年開始主持楚國的變法，實質上，是將魏國變法照搬到楚國。幾乎立即見效，楚國南向擴地至湘桂，北逼近黃河。針對楚國的陳年積弊，吳起大刀闊斧整頓吏治：裁員、裁官（並大量裁撤世襲的爵祿）、懲治貪腐。拿省下來的開支，充實練兵的軍需。不用說，這得罪整個楚國的既得利益集團，所以，楚悼王一死，變法只進行了 1 年，貴族豪門大反撲，吳起被射殺、車裂分屍。楚國變法失敗告終。

西元前 356 年、西元前 350 年，**秦孝公兩次實施商鞅變法**。

商鞅變法，實際是師法李悝變法，但秦國更換軟體比魏國更澈底。

變法的重點，加強了秦國體質，日後成為中國特色：

① 中央集權，直接任免受薪的官吏治理地方（縣），"封建"虛化為門面點綴

② 嚴刑峻罰，實施連坐（嚴苛至極。族刑，可以殺滅犯罪人整個家族）

③ 土地私有法制化，鼓勵農業生產與開荒，透過賦稅抑制工商業，但規定農家成年男子婚後必須自立門戶，一家一戶的小農經濟從此成為中國基礎平臺，是稅源、役源、兵源。（這軟體，難以"現代化"，科技時代的特性是，規格化的量產。小農經濟，難以規格化，但中國人有效使用了 2000 年，成為"中國式文明"的經濟基礎）

④ 獎勵軍功，禁止私鬥，賞罰明確而嚴厲（秦人很快 **"勇於公戰、怯於私鬥"**，但這一點，沒有成為中國特色，秦以後，基本失傳）

秦國實施商鞅變法,持續 20 年之後，法治，守法，成為秦人**習性**，這才是秦始皇統一中國的真正實力來源（雖然，商鞅跟吳起一樣，秦孝公死後不久,也遭既得利益集團反撲,死於車裂之刑,但商鞅變法是成功的,軟體終於安裝上去了）。就社會硬體條件而言（人口、物產等），當時秦國要統一天下，屬於跌破眼鏡之舉，但這個"人的因素第一"的軟體變法，明顯勝出，促成秦的霸業。

西元前 351 年，**韓昭侯**啟用建議"圍魏救趙"的**申不害**為相，以變法名義,集中君權，並以"術"（監督、考核、賞罰）貫徹法令的"執行力"，韓雖小而莫之敢欺。

西元前 307 年，**趙武靈王**下令趙國全國"**胡服騎射**"，雖然趙國久處戎狄之中，趙人的戎狄成分不下於秦人、燕人，但在中國文化氛圍裡，這依然是個了不得的創舉。騎射，需要馬鐙，漢初才發明出來。趙武靈王只是"胡服騎馬"，變革社會風氣。西元前 300 左右，變革後的趙國終於完全兼併了中山國，並奄有河套地區。

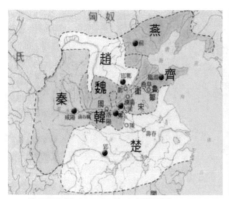

約西元前 300 年的中國圖例
轉載：百度百科，戰國形勢圖集

約西元前 260 年的中國圖例
圖源：維基百科，秦始皇。作者：Philg88

其實，那時候，騎兵早已馳騁草原大漠、成為標準硬體裝備。對草原部族來說，無所謂 "騎兵"，騎馬已經是游牧生活所必須倚賴的機動性，騎駱駝也是這麼個意思。人人會騎馬，手上有兵器，不就是 "騎兵" 了嗎？

所以，騎兵，是農業民族叫的，因為沒那生活習慣；訓練，需要從學會騎馬開始，漸次熟悉馬性、習慣機動。。。機動性，機動作戰，跟現在的機械化軍種類似，現代的海空軍、甚至陸軍，對長期處於農業文明氛圍的人群來說，是生活上的陌生，不知道的東西，當然玩不轉。趙武靈王改變人們穿衣服的習慣，既方便騎馬，又縮短了戎狄與趙人的感情距離（穿著一樣了嘛，至少不會立馬就看不順眼）。趙武靈王（約西元前 (340-295)）不但自己帶頭穿胡服、騎馬，還把列強變法的經驗也搬到趙國：中央集權、任官唯能（不但不論出身，並且不問族群）、獎勵軍功、嚴整法紀。

因為重視騎兵，趙人普遍養馬，平常人家以出騎兵子弟為榮，境內的戎狄子弟更是大解放，出入宮廷、成為將相的不在少數。趙國體質，從習慣騎馬開始，改變很大，得以成為秦國一統過程中的最大勁敵。

李悝-商鞅-申不害，是一系列的制度性變法，趙武靈王則是社會性變法，總體上，擴建了夏商周三代以來的中原文化軟體，以適應更多元的中國世界裡的社會發展形勢。

客觀上，中原農業文明的演化過程中，凝聚社會的軟體，（祖先崇拜 ＋ 自然崇拜）之外，從維持簡單人口的群落，到華夏血緣氏族的部落聯盟國家，到殷商原始國家機器的奴隸制，到西周的宗法封建來擴大國家機器，每一次的軟體擴容，都有容納更多元的不同人群的需要。戎狄入侵，打碎了宗法封建的國家機器，東周的中國成為自由的城邦世界，各種思想、各種力道，自由發揮，但因為中原農業文明的引力作用（分享灌溉水系，水源必須協調，使得上下游不得不合），這些城邦沒有游離成類似現代歐洲式的列國，又慢慢凝聚成一個更大、更多元的社會。

變法，實質上，正是提供了新的軟體擴容。競爭，使得各國爭相拷貝複製相同的變法內容，加速了中國世界的同質性（那時，國籍、出身、族群等等，都不重要，**楚才晉用**已稀鬆平常，移民拓殖，更為頻繁），也使中國世界擴及更大的地域。

變法的各國，是為了圖＂強＂，強了就要擴張，自然就要爭戰。

這時段的中國世界裡，除了變法運動的主軸外，當然還發生許多重大政治事件：

（1）國家機器的存在，原本的設計，就來自當權的統治階級，為了攫取利益，各國更加無所不為，**合縱連橫**，反復無常。

在秦孝公商鞅變法完成後的西元前（338-238）百年時段，當時的國際政治圍繞著齊秦兩極強權轉。時而南北各國串聯合縱，抗秦或抗齊，阻擋強權擴張。時而，東西各國串聯，兼併或削弱鄰國。完完全全的政治投機，被國際政客明星們炒的火熱，他們充當當權者的謀士、說客，迎合當下各國君主的利欲心理，影響各國的決策與命運。當時最火的政治明星有**公孫衍、張儀、蘇秦**，都做過類似小型聯合國秘書長的位置。

西元前 318 年，韓趙魏齊楚燕 6 國聯軍合縱攻秦，第二年反而被秦軍大破韓趙魏聯軍，斬首八萬二千，暴力血腥又上升一級。

西元前 316 年，秦軍趁勢南進，併吞巴蜀兩國，**李冰**蓋都江堰，四川成為秦國糧倉。基本上，秦國完成從長江上游順流而下滅楚的戰略部署。

西元前 312 年，秦國騙楚國說，割點地給楚國，換取楚國不聯齊抗秦，楚國居然上當，跟齊疏遠後，當然沒平白撿到城池那麼好的事發生。秦的背信，激怒了楚王，攻打秦國，大敗，八萬部隊被消滅。齊趁機聯合韓魏擊楚，侵蝕楚國北方地區，削弱楚國。

（2）西元前 306 年，越王頭腦發脹，進攻楚國，反被楚軍攻殺。楚國趁勢併吞大片越國土地，幾年內漸次完全消化越地，楚國一統天下的行情看漲，震驚江湖。但楚勢迅速消失於內耗之中。

越國崩解，無力復國，有些遺存的越軍，以海路南逃（這是"海洋中國"的實例），跳過浙閩交界的崇山峻嶺，從閩江口攻入福建，滅掉古閩國（七閩，大概是 7 個部落國），從此就有了閩越國。史料記載，殺戮相當血腥。

（3）西元前(298-295)，齊韓魏 3 國聯軍奮戰 3 年，攻入秦國，迫秦割地求和。這時，趙國忙著吞食消化中山國。

西元前(293-291)，秦將**白起**殲滅韓魏聯軍 24 萬，迫韓魏割地求和。

西元前 284 年，燕將**樂毅**，帥韓趙魏燕秦 5 國聯軍合縱攻齊，幾乎滅掉齊國，後來被**田單**的火牛陣打敗，退兵。但齊國一蹶不振，齊秦兩極漸成秦國獨霸。秦遂把目光集中於楚國。

（4）西元前 278 年，秦將**白起**攻破楚國郢都（**屈原**投水自殺殉國），楚國被迫遷都。

秦軍盡取楚國老根據地，楚一蹶不振。自此，秦的主要對手，只剩下不怎麼參與國際糾紛的趙國。

（5）西元前(262-260)，秦找到藉口，**白起**帶兵進攻趙國，年輕的趙王派老將**廉頗**（早先，與**藺相如**共同譜寫出**將相和**的故事）抵禦，廉頗堅壁清野，與秦軍對峙 2 年，被急躁的趙王認為怯戰，換下廉頗，結果，**長平之戰**（今山西高平），趙軍大敗，40 萬人投降。

白起為恐留下禍患，坑殺全部降兵。成為中國歷史上最血腥的事件之一。3 年後，白起得罪秦國權臣（此人收受各國重賂，長平戰後竟然說動秦王下令撤兵，使得戰爭狀態繼續下去），被聽信讒言的秦王賜死。自殺前，白起自歎：殺降造孽的報應吧。。。（那時中國可還沒有佛教！）

（6）西元前 256 年，秦滅東周，運走九鼎重器。7 年後，再剪滅東周王室自立的另一個周王。長達 800 年的周王朝，正式消失。

實質而言，中國城邦世界在西元前 256 年業已結束，秦一統的局面已不可逆轉。以上事例，政治上的結論很簡單：

① 變法最澈底的秦國，最強。楚地盤最大，但軟體改造最差，不堪一擊。趙國是次強，也是沾了社會風氣澈底變革的光。

② 整個戰國時期，戰爭暴力消滅了不少於 200 萬部隊，秦將白起一個人就承擔了近半數的責任。是國家機器的暴力統一了中國。（全人類都走上這條路）

③ 秦國變法能夠澈底，因為注意到了運轉軟體的起碼的公平性：
律法面前，人人平等，王子犯法，與庶民同罪。（比現代的 "法治" 還更公平）

不信，到美國去打官司試試。

沒錢請律師是打不贏美國官司的，所有條律都深文周納到只有 "專業律師" 看得懂。現代西方法制的設計，話語權或潛規則，在設計的時候，就已經含有維護專業集團與金權利益的目的性，所有法律程式都有個帳單待付，沒人買單就沒有正義。"正義" 居然是經濟性質的東東。。。至於 "自由經濟" 國家，不時要來個 "反傾銷" 官司，西方的國家機器是要壓榨什麼利益，昭然若揭。就看美國社會每年 "法務行業" 產值的高達千億美元數量級，以及，人均的律師數量，那個社會的 "公平" "正義" 的性質和品質，農業社會的平民百姓是絕對消費不起的。

當然，老百姓更消受不起不按條律出牌的、徒法不足以自行的、雜交西式專業與中式關節的 "法治"。另外，法治與專制王權的基本矛盾，無以持久。

## （三） **統一的過渡期**，西元前(256-221)

從上面的政治大事記述，兩千多年後的今天，人們可以清晰地看出來，三家分晉之後，實存的戰國八強，最先倒下的是越國，而戰略最有步驟的是秦國，秦國始終緊緊抓住主要矛盾，一有機會就主動實施計畫，很少被動。其他國家，始終侷限於"反應"或"反射"動作，很少有縝密的組織與長遠的規劃，無頭蒼蠅似的亂飛，直到碰壁或撲火。（這就是，"反動" reactive 與 "主動" active 的差別！！）

那時各國王公，比賽知名度，流行"養士"，食客以千計，一時之間，魏有**信陵君**、齊有**孟嘗君**、趙有**平原君**、楚有**春申君**，號稱"四大公子"。不用說也知道，**雞鳴狗盜**之徒充斥，人性熱熱鬧鬧地秀了一把。

長平之戰後 3 年，秦軍圍攻邯鄲，趙國都城到了易子而食的地步，平原君那裡，出了**毛遂自薦**那麼個高手（說動楚王發兵來救），外加一個死士**李同**（叫平原君散家財、組敢死隊，他帶隊突擊秦軍，死戰，但成功解圍）、一個謀士**公孫龍**（解圍後，提醒平原君：不要居功領賞）。總計，戰國食客群，似乎就出了這 3 位"人才"，概率少於萬分之一。

秦國在這時段，內部的權力傾軋，也是激烈的。

那時候，全人類已經發現，國王一死，權力繼承本身，就是最大的不穩定因素。權力遊戲的賭注太大，0 或 1，很容易就把人性刺激到極端瘋狂，但國家機器軟體已然被設計、安裝成那德性，智人的智慧一時還解不了這道疙瘩。

於是，一個叫做**呂不韋**的衛國商人，乾脆投資**奇貨可居**的可能成為秦國國王的接班人選（是一位當時在趙國都邯鄲做為交換人質的秦國王子），居然押對寶，西元前 25 年成為**秦莊襄王**（**秦始皇**的老爸！）。呂不韋也就當上秦國的丞相，養起 3000 食客，跟四國公子別苗頭。這些食客們集體替呂不韋編寫了一本書，**呂氏春秋**，保存了先秦各家學派的思想，以及，古代軼事、舊聞、知識、音樂等，算是一種包羅萬象的**雜家**。（在儒家成為唯一的顯學之前，這是本相當受推崇的"百科全書"，可惜這是 2000 年前的舊事，中國政治體系獨尊儒家後，連這學問也失真了）

按照史料的記述，秦莊襄王喜歡的王后，本來是跟呂不韋同居的趙國美女，被當時是秦國王子的莊襄王要去當老婆，呂只好認了，傳說，要去那時，美女已經懷了孕。但似乎也有跡象顯示，這傳說並不正確，屬於歷史八卦。總之，歷史的偶然性，居然能夠如此這般離奇、曲折地發生。。。呂不韋硬是運氣好到，秦莊襄王也只坐了幾年王位就死了，秦王**政**年幼繼位，呂不韋成為攝政，權傾內外。呂的商業成就，只有猶太資本家可比。

秦王**政**，西元前(247-210)在位，西元前 238 年親政後，立刻整飭朝綱，第二年即罷了呂不韋的官位，第三年要將呂流徙到蜀郡，呂不韋自知不免於死，喝毒藥自殺。

秦王親政後，還曾下令驅逐六國流向咸陽的客卿，**李斯**（楚人）上**"諫逐客書"** 勸止，被秦王採納，並用李斯為廷尉（司法總長），秦繼續早先范雎（魏人）留下的 **"強幹弱枝" "遠交近攻"** 的內、外策略。

西元前 230 年，秦開始剪滅 6 國之戰，勢如破竹，激烈戰鬥，依次收拾韓、趙、魏、楚、燕、齊。

西元前 227 年，明知打不贏秦軍的各國，最後奮力一擊的嘗試，來自燕國太子：派**荊軻**去刺殺秦王。這故事廣為傳頌，連同荊軻出發時的歌聲，**"風蕭蕭兮易水寒，壯士一去兮不復還"**，成為中國人沉浸在虛擬的武俠世界裡的真實版本。

西元前 221 年，秦軍長驅直入齊都臨淄，最後的大國，齊王不戰而降。戰國時代結束，也是中國世界城邦時代的結束。

綜觀戰國時期的 255 年間，中國世界裡的集團暴力爭戰，達到冷兵器時代的一個數量級標誌。戰國後期的 150 年內，在一塊侷促戰場上短兵相接的敵對雙方總數，常常上升到數十萬、甚至近百萬，近身廝殺，何等瘋狂？（士兵的軍功，以斬首論，不少身上掛滿血淋淋腦袋瓜的勇士，向前猛衝，生死的刺激、外加物質刺激…）

人性，戰國時期的人性，全世界的國家機器都讓人性發揮得相當怪異。

比如，胡服騎射的趙武靈王，他原本鍾愛太子的媽媽，一個端莊賢慧的貴族美女，後來做了個夢，夢到一個年輕女人，不料，下面的臣子竟然獻出跟夢境一般的美少女，從此又愛上她，生下小王子。兩個女人先後早死，趙武靈王悲傷到早早傳位給小王子，自己帶了軍隊到河套邊的草原，跟蠻族幹架去，大概是想死於軍旅，不料，竟打成草原霸主。趙武靈王這時還在中年，個人野心復燃不說，戰陣經驗豐富，確實也還能為趙國效力疆場。他心想，不就是小兒子和老部下當家嘛，回來再發號施令哪有什麼問題。

但，權力制度裡的人回答：不行。
於是，退而求其次，求分封大兒子為王（原太子，也為趙國立下許多汗馬功勞）。他想，若大兒子分得到一些地盤、人馬，為大兒子打天下，他也還能有點作為。

結果還是回答：不行。
這下子，趙武靈王懵了。一下子想不通了，於是，搞宮廷政變，跟大兒子一起造小兒子的反唄。那已經做了趙王的小兒子的反應很絕，這次的"敵人"，小時候，一個是寶貝他的老爸，一個是友愛他的異母哥哥。趙王命令大臣帶禁衛軍反擊，自己在宮廷裡等消息。這下，大臣犯難了，面對原先伺候的趙武靈王和原太子，救平叛亂不難，難在平亂後，怎麼處置？他揣摩趙王的意思，圍攻原太子使盡大力氣，誅滅全部亂軍，包括趙王的哥哥。然後再包圍趙武靈王的臨時行宮，回頭請示，打是不打？趙王沒有回覆，大臣就在那裡僵住不動。他也不笨，他才不替趙王下手

159

弒父，並且，弒君的罪名，搞不好，趙王還可以拿他給老爸陪葬。就這樣圍了三個月，行宮裡所有的人，早已餓死多時，毫無動靜了，這才開門、驗屍，給趙王報喪，趙王才趕過來給老爸收屍，國葬。

趙武靈王政變失敗、被圍困、賠上大兒子、也餓死了自己，下場跟商鞅一樣，**作法自斃**（秦法嚴苛，商鞅那時已逃到邊關，地方官雖認識他，但不敢讓他出境，遂被捉回咸陽就刑）。這個案例，真實地折射出戰國時期的人性。應該說，人類製造出國家機器之後的人性，東西方的人的心思，沒什麼兩樣。趙武靈王的境遇，並非特例。

又比如，秦法嚴苛，但秦相照樣敢收受各國賄賂，因為秦君主信任他，認為丞相會為秦國擬出最佳策略，所以六國客卿雲集秦都咸陽，賄賂、遊說權貴，跟現在各地的“駐京辦事處”類似。結果呢，固然各國君主勉強苟活了更長一段時間，平民百姓可就遭殃、再多承受幾年戰亂。人類社會制度，永遠存在著人性的死角，私心、利欲，使得軟體的運作變質，何況這個軟體的目的正好啟動人性裡的私心和利欲。

戰國時代結束，一個混同的“中國”新軟體即將被設計、安裝、運轉。當權的統治階級，當然按照自己的意思來修建新軟體。當時中國人的智慧還不足以察覺上述這些人性的啟示，新的制度軟體裡頭，自然也不會調理出合適的安排。恰恰相反，人們更多地感覺到權力和組織的力量，最大化地擴張權力與組織在國家機器裡的應用。

中國農業文明的政治上的早熟，在西元前 221 年就給人類社會帶來第一個真正意義上的統一的、遼闊的、同質性的大國的案例，門面上的號召叫做“文明”“開化”，因為先進的農業技術與手工業技術確實帶來當時全球第一的生產力。正如同現代資本主義國家的門面號召叫做“自由”“民主”那樣，因為先進的科技與工商確實也帶來當下全球最大的生產力。古今中外，國家機器的本質沒變，權力的本質也沒變，權力制度，政權或金權，從來都是包裝在公權力裡、夾帶私益，門面話語，只是忽悠老百姓，為爭權奪利的合理化，而戴上好看的、引人的花冠罷了。

權力，政權或金權，所塑造的制度軟體，當然偏向維持那個權力制度。

然而，任何政權的統治者都不可能單獨一個人運轉如此龐大的國家機器，於是，權力制度裡的官僚集團中人，在利欲的驅使下，鑽入權力與人性的死角，形成 "潛規則"，侵害 "公" 利（"公家"，主要是統治者，但也有公眾的成分，比如，水利或國防工程），額外榨取平民。歐美現代國家制度裡，金權隱身在政權背後，"潛規則" 只多不少，利欲就是無所不在的 "無形推手"，利益集團透過 "公司"，遊說權力中心、扭曲真相與 "輿論"，權力集團則跟利益集團掛鈎分利，吃相一樣惡形惡狀，比如，美國大總統<u>小布希</u>，公然散布假信息、說謊，藉以侵佔伊拉克，替美國軍火商、石油商賺錢，他們的口袋當然獲利不在少數。

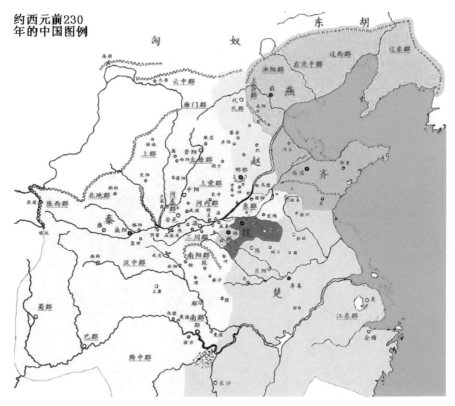

轉載：百度百科，戰國形勢圖集。圖源：長城長

中國農業文明發展到戰國結束，從血緣氏族聯盟到王權專制國家，潛規則始終圍繞的是“關係”。權力經濟，開發的很早，很原始，只信得過身邊比較熟悉的人，所以，有關係就沒關係，沒關係就有關係，造就“貪腐”，危害中國。西方現代化的權力經濟，則先把“利欲”合理化成“人性”的主要特徵，使得貪腐人人有份，造就“金融海嘯”與污染，危害全球，既“專業”、又澈底。

東西方的智人，迄未真正面對權力制度驅使下的人性。
政權下的人群，性格流於虛偽、精神陷於分裂，西元 15 世紀之前的歐亞世界全都這個樣。西元 15 世紀之後，金權下的人群，欲望解放到無所不為，可以沒有價值，不能沒有價格，更不能沒有利潤，金融海嘯成為必然，性格回歸掠食動物本能，精神物化到連宗教也虛偽化。

幸好，檢視春秋戰國的中國人的歷史，以及，同時期的西方歷史，不全被利欲驅使的人性面，也流露的相當多。。。人道，倖存了下來。

# （乙） 經濟

從下面出土文物圖例，可以感受戰國時期的技藝水準

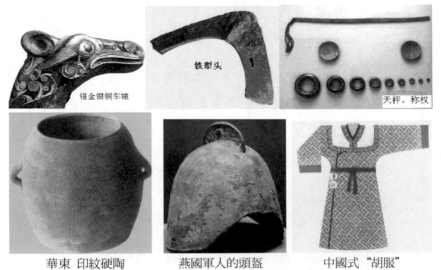

錯金銀銅車轄　　　鐵犁頭　　　天枰、稱權

華東 印紋硬陶　　　燕國軍人的頭盔　　　中國式“胡服”

春秋與戰國的時間界線，是後人相當隨意的劃分。對生活在那時候的人們來說，農業社會嘛，他們過日子，流動性並不怎麼大。西周的封建，封邦建國，就是先給蓋座城池，集中一些武力，以鎮守封地，到了東周時候，300 年過去了，這些圍繞著城邑發展出來的邦國，春秋時期的起點，當不少於 120 個。城邑，今人根據史料統計，春秋結束前達到 460 個左右，戰國結束時，更達 800 個以上城邑。城邑，一開始是大大小小的政治、軍事中心，食衣住行的供應，需要交易和市集，慢慢便稱為 "城市" 了。

轉載自：初中歷史課本，中國古代史第一冊

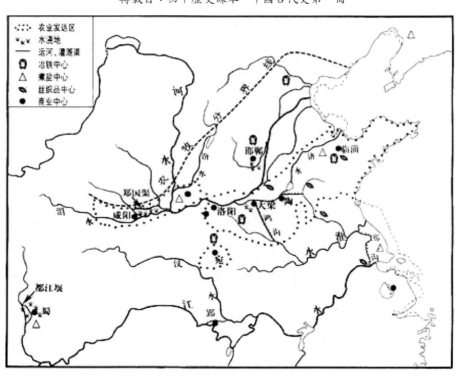

戰國時期手工業的分佈和商業城市圖

| | | | | | |
|---|---|---|---|---|---|
| 咸阳 | 在今陝西咸阳 | 洛阳 | 在今河南洛阳 | 陶 | 在今山东定陶 |
| 邯郸 | 在今河北邯郸 | 临淄 | 在今山东淄博 | 郢 | 在今湖北荆州 |
| 宛 | 在今河南南阳 | 大梁 | 在今河南开封 | 蜀 | 在今四川成都 |

西周封建，"王制"規矩分明，王城不過 10 平方公里，諸侯都城約王都的 1/3，卿士的僅約諸侯的 1/3，也就 1 平方公里。但現代考古發掘發現，戰國時期，各大國都城均比東周王城更大，齊都臨淄，號稱 7 萬戶、35 萬人口，數量級上是接近真實的。類似像臨淄這樣的城市，到戰國後期，當不少於 20 個，政治中心之外，冶鐵、煮鹽、物流等的中心，都成為當時的大城市。勾踐滅吳後，**范蠡**隱身商界，住過**陶邑**（今山東定陶），因**夫差**開通運河之便，陶邑成為當時中國世界的運輸中心，范蠡光從事轉口貿易，便已富可敵國，由此可以窺見當時中國經濟活動的一斑。

城市經濟發達，商與工進城，農民下鄉，城、鄉分區，是人類文明發展的一個趨勢。春秋時，管仲管理齊政，明白區分臨淄城市裡的"鄉"（現代"市"級下的"區"），有"商工之鄉 6、士農之鄉 15"，也就是 6 個商業區+15 個住宅區兼種植區。這裡"士農"的"農"，還真是在城裡種地的農民，兼也從事園藝、果蔬、幫傭、代工等副業。顯然，齊國的士農工商自由民數量已經占到齊國人口相當比例，城市裡明顯分工而自足，所以管仲的減稅措施中，就包括把交易稅從 10%降為 2%，刺激的臨淄城更加繁華，車水馬龍，擦肩摩踵。

管仲的政略，到了戰國變法風起雲湧之後，已經成為當年的國際標準模式，就連現代，政客們"減稅"跟吃白菜似的，無不嘟嘟上口，但天下沒有白吃的午餐，全球各國越來越龐大的官僚機構（以及私營公司的管理機構），豢養越來越多的、吃香喝辣的"上層"（以及他們的關聯利益人群），最終，還是要從生產之後的分配環節裡，運用權力，硬切割出一塊肉來。"經濟"，無論從人類社會哪個階段起，都是"權力經濟"，政權與金權掌控分配與流通的軟硬體的本質，權力，就是"貪腐"的本源。

戰國時期的戰爭規模，反映了當時人口與經濟的規模，尤其是各國爭相變法之後，常備軍的建立需要動員經濟實力、更需要人口，城邑數量的增加，正正反映了當時中國世界的經濟狀況。估計，戰國末期，中國世界人口約當 2 千萬。

戰國時期的市場機制，分配與流通的成本，有形無形的"稅"大於"租"。**稅**，指的各種法令明訂的規費，以及，潛規則下的"傭金"或"分成"，繳納給官方或關聯者的。**租**，指的各種資產的營運成本，如房租、地租、利息等等，以條約方式繳納給資產擁有者的。（現代金權"自由經濟"下的"租"大於"稅"，叫做"利潤"）

農業生產，至遲在春秋末期已逐漸形成鐵製農具、牛耕、施肥等技術，土地利用率提高到，幾乎從不休耕（氣候因素除外）。小農經濟下的農民，耕織為主業，手工業為副業，將春秋的官營手工業，漸漸擴散為民辦和官辦並行，刺激了社會進一步商業化，採礦、冶鐵、煮鹽、甚至鑄幣，都出現私營，上千個工人的企業，並不新鮮。

各項史料記述裡，大城市裡的工商區，陶、石、銅、<u>鐵</u>、木、骨、織、<u>鑄幣</u>等手工業作坊相當發達，聞名整個中國世界的行號與富豪，所在多有，既然著名，表示他們的商品，製作精良，流通廣泛，賣的很好。這<u>些</u>，都側面折射出，當時對材料、礦物、地質等具備相當知識，對成本、品質具備相當管理，對商貿、流通具備相當手段。（雖然，起初官營的品質或許更佳，因為專只供應貴族，器物上要鐫刻製造人、監造人等名字，品質差，會受到懲罰。後來，成為"官商"，經手的官僚就容易切出一塊私利，品質就變壞）

發達的商貿交易，必然具備大量貨幣支撐。那時候，中國世界的貨幣相當多元化，金銀銅鐵，都曾用於鑄幣，尤其是銅錢，甚至可以追溯至商代。夏商周三代流行的貝幣，所用的貝來自南海甚或印度洋，數量不夠大，也不規範，這時已不足以支撐社會的經濟活動量，各國發行的銅錢逐漸成為戰國時期中國世界的主要貨幣。農業技術的先進，導致人口與經濟增長，那時各國，包括地方的鑄幣，又不可能規範，更不可能針對經濟成長的數據（那時哪來"經濟"的概念？）予以量化的管理，"通貨膨脹"幾乎是必然的。然而，鑄大錢，也不能解決貨幣經濟問題，因為中國缺乏優質銅礦，鑄造標準銅錢的數量，不足應付經濟成長所需的流通量，這在戰國時代，中國世界就已經嘗到一點痛苦經驗了。

人類對"權益"的觀念集中於政治權力的時期相當久遠，以至於，那時，對社會經濟運轉的規律，才剛剛開始有點感覺。富 = 貴，雖然已經現出端倪，但金權 = 權力 = 政權，還要千年的時間醞釀，直到人類經濟活動量達到那個數量級，使得貨幣化全面主宰經濟、政權成為金權的傀儡。

戰國時期的中國世界，人們對物質或商品的需求，依然遠大於生產。一石粟米，平常賣 10 錢左右，價格漲落幅度，似乎很極端，也很地區性，顯示，未必全是鑄幣問題，很可能因為**災荒**，以及，**運輸**不便。史料對災荒的記述，並不完整，但現代對氣候的瞭解，週期性大旱大澇的聖嬰、反聖嬰現象，當然也存在於春秋戰國時段，對農業的影響巨大。而金銀銅礦源，從來不是中國強項，要用怎樣的貨幣政策來適應中國的農業經濟，一直困擾中國人很長的歷史。

由於各國的互相攻伐、戰亂，對兵源、役源、稅源的人口，產生大量需求，反而助長了中國小農經濟格局的定型。這類以"人口紅利"做為推動經濟增長與國力的模式，是人類工業化之前的農耕社會的必然選擇，直到土地無以負荷。

可以說，中國城邦世界的自由競爭造就了合併，以及合併後的一個龐大底層人口的社會，成為迄今無法解決的中國問題：把"國力"跟"人口"畫上等號。

在人類生存技術倚賴農業的時候，人口，當然是國力的一部分，甚至是相當大的部分，可是當其他生存技術成長的時候（比如，"機動"游牧。從前面各戰國時期的圖例，可以看到，在形成"中國"的歷史過程中，北方草原的游牧部落也正在形成"匈汗國"那樣的不定居的、機動的

"游牧國家"，"國家"並非僅只農業文明裡的獨一形式），人口數量所占的重要性，無疑相應降低。

現代的"國力"內涵，已經不單是經濟與效率，還包括國民的科技、藝術、心理素質與生態環境等軟體水準。

# （丙） 思想

## （一） 墨家，墨翟 （墨子，西元前(468-381)）

墨翟，約略與古希臘的蘇格拉底的生平完全重合，各自所處的時代特色也接近。現代歐美人，強調"歐式"色彩與教化，把"古希臘"文化講成歐洲"道統"，跟現代中國人把古中原文化講成中國"道統"，是同樣的意思。當然，這些"道統"，無疑也是東西方文化的主流，至少是塑造歐亞人群歷史上的的主要來源。

這裡，存在著巨大的歷史偶然性，墨子，儘管開啟了當時中國世界許多思想之門，後來的中國人並未延續他所開發的路徑，所以，墨子也就沒有成為中國的蘇格拉底。其實，東西方這二位先賢，他們的思路，基本接近，甚至，人格、性情也相像。但墨子死後，影響迅速消失無蹤。這是一個具備足夠深度 sophistication、激情，而又理性、主動將理念付諸實施的人。

"墨子"成書，是墨翟死後的事，有他自己寫下來的部分，也有墨家徒眾的集體著作。墨翟顯然出身還行，能夠有文化到向孔門學習禮制，應該是士族門第的關聯吧。唯一可說的是，墨子相當精通技術，說明他的生長環境也許是個城市裡的工商坊或百工區的環境，因為，那時候，技術或技藝（機械、木工、建築等等），不是想學就有機會學得到的。墨翟本人會在當時就拋棄儒家思想，形成一個自有中心思想、有組織、有行動力的墨家幫，進行反戰的國際和平運動，入世的功力可比當時東西方的大儒們強的多。

他的國際和平運動，反戰，比現代的國際綠色環保平組織派艘船去阻擋捕鯨，還更激烈。墨家門徒的和平，跟墨子其他理念一致，很用力、很相信<u>人為</u>的努力，他們冒生命危險，帶上器械、裝備，去幫助小國對抗大國的侵略，一要死人，二要花錢，三要組織紀律，四要中心信仰。

從任何角度看，當時的墨家，實際是個**黨派**，不收取報酬，像私人的抗美援朝志願軍似的。諸侯君王想收攏他們，一概拒絕。。。當然，怎麼維持這樣一幫子人，肯定得有點門道。墨家，恐怕是人類史上，第一個為理念而活（或死）的**"墨黨"**。

我們回頭看望這些人性多樣化的展示，一定感慨萬千吧。

戰國結束之前，儒、墨並稱為當代的"顯學"，相當流行。反映出春秋戰國時期，中國城邦世界，思想上的自由度。或許也因為人群大到那個數量級，各種合理的、新鮮的思想都能喚起人性的某一方面、都有信眾跟隨，更何況長期戰亂，加入墨黨的平民百姓，無疑很多。

墨子思想，代表著中國人群理性上的一個階梯，那時候，是人類智慧大大開啟的時段，當然任何先賢的思想都不可能論據"完美"。但比較他們的思路，墨子較之老子、孔子、蘇格拉底等"學派"，不遑多讓，直指人類理性根源：

① 關於"認知"

  強調人類感官的直接經驗，是"認識"和驗證事實的基礎，開啟辨別**"實"**（客觀的存在）與**"名"**（主觀的形容）的分際，存在先於本質，所以，要**名副（符）其實**，盡量去除主觀的臆測。

  對實體和名義的認知的思維，顯示，智人理性已試圖將抽象的東西邏輯化。戰國後來的**"名（辯）家"**，更集中腦力於分析抽象事物的共性與個性。

強調共通性的有**惠施**的"合同異"【把看似矛盾的事情，生、死之類，統一起來，比如，**物方生方死**（出生的開始就是死亡的開始），揭述事物（生與死）相對性的背後，具有矛盾統一的本質、動態連續的特性，近於**道家**了】。

強調個別性的有**公孫龍**的"離堅白"【把看似相同的東西裡的特性，顏色、硬度之類，區別出來，比如，**白馬非馬**，"白馬"跟"馬"是兩個詞，嚴格定義人們認知的名詞與實物之間的關係】。

這些**詭辯**家們的存在，包括"古希臘"約略相同時段的**智者**們，代表了人類思維更深層的演化，人類知道自己"知道"，並不約而同地展開對於自己怎麼"知道"的探索，沿續這些探索，方才成就了後來人類的理性智慧。

現代人喜歡將古人的思想分類為唯心論、唯物論之類，絕對化他們的思維，其實沒有必要，他們只不過替我們做了該做的功課，把認識與認知的過程，予以邏輯化罷了。今人的理性邏輯，都是在他們搭建的平臺上修建起來的。

戰國中期以後，墨家開頭的**明辨**風氣盛行，為**法家**提供了堅實的可施行性，畢竟，所有的社會律法條文，必須客觀定義清晰、邏輯一貫、數字分明，否則說都說不清楚，怎麼實施法治？

② 關於"邏輯"

強調人類理性的分類、歸納、演繹能力，藉推理得出清晰的事物本質或原因，開啟中國人群對自然物理和數學的認識。

墨子當年歸納出起碼的幾何原理（方、圓、平面、三角等），**比歐幾里得還早** 100 年。對於物理作用裡的，力、杠杆、光學（鏡面、針孔成像等），應該是人類最早的論述。對宇宙的有與空的論述，比老子更細緻。

當然，後來的中國人全然自廢了這些武功，西歐則從 15 世紀起，重新拾回"古希臘"的理性智慧，積澱 300 年後，遙遙領先全球其他族群。

墨子將邏輯的方法學，視為人的基本功，運用理性邏輯的辯術與辨識，暗含溝通他人與識別真相的能力。可惜，這居然成為後代中國人最為不堪的部分。限於經驗和數據，人類智慧開發的早期，墨子當然也有判識或推理不到位的地方。

比如，墨子相信鬼神的存在，崇尚鬼神帶來的作用（也就是精神力或潛意識，對人身的作用。那時的醫療，巫覡仍主要依賴於精神治療的作用，後來才有比較專業的藥"醫"），甚至人格化"天"（老天爺嘛）的意志，以便表白天、人接口，但又"非命"，強調人為的努力遠大於命運的安排，明顯有些矛盾。這些不合邏輯的錯位，不排除是墨子對世俗的一種手段，或許跟佛陀傳教時見人說人話、見鬼說鬼話類似（佛陀給一般印度民眾說教時，大量說神弄鬼，而跟有知識的人說教時，則大量談論哲理）。

基本上，墨子無論說什麼、表達什麼，都有一套邏輯程式：
♦ 驗證（比如，鬼神，舉出人們"碰到"或經驗到鬼神的事例為證）
♦ 推理（比如，熱，所有見火的東西都熱，所以，火帶來熱）
♦ 應用（比如，天意，所有惡政下的老百姓都不快樂，最終惡政者不得好下場，所以，天意的應用便是善政、使老百姓滿意）

這種一切訴諸人類理性的思維方式，當然客觀得多。而一切證據，依人們感官驗證、認知為準，也是一種"人本"主義（現代人知道，人們的經驗，未必完全真實，鬼神，就是個明顯的例子），較之管仲的人本精神，又更進一步。

但，那麼理性化的墨子，卻有了不得的激情：救世。

墨子看到戰亂給平民帶來的痛苦，積極組織反戰、和平運動。他以一套近乎宗教的"理論基礎"，演繹出政治理念，**兼愛、非攻**。藉托在好生之德的天意下，墨子強調，各級政治首領，應該由人群社會裡，擇賢而任，無疑是原始的**"民主"**思想平臺。

兼愛、互利、非攻，則是這人權理念下的社會運動綱領，基本上，就是原始的**"平等"**思想平臺。（即便墨子程度的原始理念，今天的國際世界，仍然沒有實踐到位）

為了救世，墨子組織起嚴密的政治黨派，**墨黨**，足以證明他對人性瞭解之深入。首先是思想動員，理念一致才可自願入黨，入黨後必須服從黨紀，違者甚至處死。

墨家有黨魁，叫做**"鉅子"**（後來，有個鉅子住在秦國活動，兒子殺人，按秦國法律，應處死刑，秦王大概認為墨黨勢力大，想套交情，免他兒子死刑，這位黨魁不接受，兒子服刑。墨黨的紀律性可見一斑）。

墨黨黨員遍布社會各階層，包括當時在各國做官的官員，顯然以某種方式提供資源和資訊。黨紀則刻苦耐勞，為達到消弭戰火的目的，赴湯蹈火，言而有信，犧牲在所不辭（歷史記述，就認為他們很有**俠士**精神）。

墨黨在社會上則宣揚**節用、節葬**，客觀上，是可以減少對自然資源的浪費與掠奪的，即使在現代，依然有著深刻意義（尤其面對世界性"消費經濟"浪潮下的環保和生態破壞，雖然環保當然不是墨子思想的主調，那時的生態環境還沒被破壞到今天的程度；墨子是想透過"節約"習性來減少社會剝削）。

人類，為了實現社會理念的組黨，發動民眾自身的力量來抗衡一切國家機器，墨家肯定是人史上的第一個。

墨子，是真正意義上的，了不起的、敢於突破、敢於嘗試的，情理合一的人。

現代的人們，方才剛剛開始領略他的智慧，也許他在兩千四百年前就已經看到最初的國家機器設計不當的地方，也許他沒看到，也許他僅只是看到人類社會需要停止戰爭。。。無論如何，在國家機器的功能被設計成為是個有效的謀利、擴張、戰爭的機器的 4 千年後的今天，智人們的智慧應該會開始覺悟到必須重新設計"國家"的功能和軟體了吧。

## （二） **道家，　列禦寇**（列子，約西元前（450-375））
### 　　　　　**莊周**（莊子，西元前（369-286））
### 　　　　　**楊朱**（約西元前（380-300））

春秋戰國時期，中國世界裡，生產力已經大到一個程度，相應的人群的數量以及人智的開發，也已達到一個數量級，文字與文化已經相當普及，社會經濟也足以承擔的起，讓做學問的人比較專注於思考與寫作，表達各種思想，或者講學。當然，肯定也存在有專業的藝術家們的創作，無非由於官方長期壟斷"百工"技藝，工匠的社會階層低，連帶藝術的表現，比較不受重視、歷史記述較少罷了。

中國歷史演化中，象形文字與文化，經歷長期的被統治階級壟斷的過程，加上小農經濟的底層人口數量級，形成了"知識"更加傾斜於社會上層。統治技巧，政治相關的思路，成為對於"學問"的歷史記述的主軸。

前人對知識份子的著作或思想，"道家""法家""儒家""名家""雜家"等等的分類，基本上，可以這樣看：

"出世"的思想，知識份子不願加入統治集團、不願出任官吏的，就是"道家"。"入世"的思想，各種"治國、平天下"招數的知識份子，就按他們的招數，強調仁教可以治理好社會的，就是"儒家"；強調法刑可以治理好社會的，就是"法家"。招數參雜的，就是"雜家"。對個別特殊才藝，比如，詭辯，因為認識到他們的邏輯抽象能力與貢獻，就歸為"名家"。實際,都是"有學問"、有才能的官僚人選的意思。

這些"家",對於人性的認識和啟發,都各有體認、各有強調,都是那時候中國城邦世界環境下,人群思想的反映,可以看得到很豐富的人性推理的多樣化。"名家"思想,已經敘述在墨子裡頭。"法家""雜家",基本上,只相當於現代的不同角度的"政治或社會學"專論,可以夾在"儒家"思想裡頭對人性面的不同觀察或強調,下面再敘。

這樣,比較突出的思想,就剩下避世的"道家"。

道家產生的時代,春秋戰國,正是中國世界經歷大變革的時代,殺人如麻的時代。對於用大腦思考的智人,無疑是個惶恐不安的環境。渺小的個人,無論做官做民,顯然人身全無保障。於是,智者**老子**,乾脆避世,隱居去也,他的合理化思維:天道無為,何必人為用力?傳說,孔子跟他請教,他告訴孔老二的"大智慧"就是,無需用力,一切順其自然。後來,孔子周遊列國時,有一次被當地官兵錯認為盜匪而圍困住,孔老二依然自在地做他日常彈琴吟唱的功課,弟子們不解,問他怎麼還能如此悠然自我,孔子回答的大意,便是"老天自有安排",順其自然。莊子還拿這故事,很誇了孔老二。

**列子**,算是"**大隱隱於市**"的避世者,堅決不做官、也不跟官府有任何往來,窮到面有饑色,仍然拒絕官吏的饋贈。列子的處世哲學,主要是**清淨**、避免"**槍打出頭鳥**",他其實更像一個崇尚**虛道**的智者,留下"列子"一書(當然也經過後世粉絲們的擴編,但仍然不得完整地傳到現在)。"列子"書跟傳說的古希臘"**伊索寓言**"故事類似,時間還更早個100年,內容精彩、深刻,把人性敘說得更明白。比如,強調**天道酬勤**,教人要務實、堅定、勤快,指出:學技術要勤快才會嫻熟、並且要"知其所以然"。

中國許多很人性化的故事都出自列子,有名的寓言,**愚公移山、杞人憂天、夸父追日、歧路亡羊、朝三暮四、野人獻曝、妻不識夫**等等等等,簡單明了，任何時間點再讀，都能讓人有所啟發、開悟。列子似乎當年就懂得氣功，練氣養生，但也許是後世的粉絲偽託在他名下的。其實，列子的一生，倒反映了，人是無法離開人群獨自存活的，再怎麼避世，人性都是群居的動物。

**莊子**，是避難到宋國的楚國貴族的後裔，碰上戰爭暴力更加血腥狂亂的年代，他的不安全感，深沉到認為，人生在世，處處危險，好像活在國家機器的捕獵園裡，到處都有機關可以將你獵殺掉。所以，莊子追求一個自由自在的精神境界。他，其實更有文學家的氣質。"莊子"這本書，也反映了這個特點，不但有思想深度，更有文學風采。

從浪漫的角度，莊子的故事，充滿思想上的逍遙自在，非常感性，比如，**莊周夢蝶**（莊子與蝴蝶夢幻般的合二為一），**死亦可樂**（活著不自由，死後倒解脫快活），都是他藉由夢境發揮的。

從理性的角度，莊子強調：宇宙裡存在著看似相對的事物，大小、彼此等等，相反而又相成，但都是構成宇宙的一部分，甚至就是宇宙的本質。

他看到的大自然之道是："**天地與我並生，萬物與我為一**"，大自然原本就**齊物**而沒有分別（齊一萬物，能夠存在的一切事物都是宇宙整體的表現），萬事萬物都是一體的，包括生與死，也是一體的，自然地發生。

莊子認為，把事物區分、對立，是人智的結果，才會產生社會的分化與制度性剝削，所以，反對用智（力），反對統治機器，反對人為的東西（人為，就是"偽"，不自然）。這跟佛家思想裡的"差別相"的敘述，已經相當接近，把莊子所講的"道"，換成佛家講的"本性"，幾乎就沒有什麼不一樣的地方。大自然裡的矛盾，道家持坦然接受的態度，所以會死滅的東西（比如，生命），該死去的就讓它死去，才是自然。

莊子認為，人生的悲哀，不在於人世本身，而在於許多人不能從個體精神上達到**齊物**的境界，連可以自主的精神都不能自由自在，才是可悲的地方。

**楊朱**，這個道家人物，沒有書，也沒有可考的事蹟流傳下來，但從散布於當時的政治或思想人物的記述裡，可以側面看到，道家思想也會推展出與老、莊不同的政治理念。楊朱認為，澈底改變人腦的意識，讓人人都僅只 "為我"，以 **"自我"** 為中心，祛除一切人為的道德與法律的束縛，社會就自由快樂了。

楊朱宣揚的自我，不是 "自私"。他說 **"損一毫利天下，不為也"**，拔根毫毛可以對天下有益也不幹，但又說 **"悉天下奉一身，不取也"**，整個天下利益送我也不要。他的思維重點是，人人應當保全自己的性命（**貴己、重生**），養生，而不要去為公（ "公"，都是侵害 "自我" 的）。

當時，楊朱很有徒眾追隨，反映了戰國晚期，中國世界人群對國家機器有多麼失望。楊朱為我、墨子為他，經常做為政治思想的兩極，出現在中國人的討論中。

政治上的見解，道家各派的宗旨都一樣，**無為而治**，不用力，順從自然（天道），反對墨家、儒家推崇的聖賢（能人）治國，是對當時中國城邦世界的現實的一大逆反。

實際上，道家的遁世形象，是對封建制度的一種 "不合作主義"，隱士與養生，並非他們的唯一出路。道家的出世，是因為不相信在人為的社會裡可以找到 "道"。道家的 "無為" 的 "為" 字，基本上，就是 "人為" 的意思。

由於鑽研天 "道"，他們寧可專注於觀察自然、並試圖詮釋自然、以便師法自然，早期的道家弟子是人類化學實驗與理論的先驅，原始<u>科學</u>，很早便透過道家而在中國奠基。

而由於反對人為的社會制度，中國歷朝歷代的革命，幾乎都有道家的影子，相對於"入世"的儒家和法家思想（維護既得利益的制度），道家思想是"革命"的（打破既有的制度）。

## （三） **儒家，孟軻**（孟子，約西元前（372-289））
   **荀況**（荀子，約西元前（313-238））

春秋戰國時期，500多年，社會環境、國際情況，都有非常大的變化。道家思想，從老子的思路開始，適應、演化出列、莊、楊等面貌。儒家思想，當然也類似，不可能停留在孔子的階段，戰國中期之後，演化出孟子與荀子，雖然同樣強調仁教治國，但入世的功力可是越後來的越高明。

在人群數量增殖到社會活動頻繁，組織與制度軟體越來越複雜、越來越塑造人性的時候，針對各自所處的環境，無論東西方的人智開發，可以說都是"知識份子"或"技藝分子"的貢獻。他們當然難免於自身感性和理性的制約，比如，老子的信仰與理性，傾向避世，獨善其身，合理化自身的思維，結果就是"道家"思想，法"天"自然。至於，"天道"的理則究竟是什麼，並不是老子或道家們鑽研的主要對象，因為限於早期人類的知識與生存的需要，腦力都發揮到技藝的應用去了。

儒家的情形也類似。孔子的信仰與情感，積極入世，充滿改善社會的熱情，所謂"儒家"思想，重點"仁"這個字（就是"兩個人"嘛），人際之間和平共存之道，孔子把它總結叫做"仁"。人群的環境一直在變動，人也一直跟著演化，怎麼實現"仁"，儒家們只好不斷摸索。儒家們追求一個完美的、和諧的人群社會。至於，"人道"究竟是什麼，也不是孔子或儒家們鑽研的主要對象，腦力都發揮到怎麼調和人際關係去了。。

**孟子**的時代，中國人群已經蠻有點文化，孟子要推廣理念，先從邏輯上論述**"人性本善"**，再將親情擴大為普及版的**"仁政"**，**"老吾老以及**

人之老、幼吾幼以及人之幼""仁民愛物"。理論和目標都具備了,孟夫子更提出施政辦法,遠比孔夫子實際,近於**管子**的思路。他說,"**有恆產者有恒心**",人民要有固定資產,能夠生產過活,才會安居樂業,才不會冒險犯法。當然也要興辦學校,施以**教化**,人心安定,天下才會太平。施政則要"**省刑罰、薄稅斂**",才會民富國強。他強調教育、**身教**(師長們以身作則)、**易子而教**,更人性化,實際,超越孔子,這些,都是孔子思想的進一步深化。就"與時俱進"而言,也應該,不然,儒家思想老早就是塊化石了。

孟子對教化的重視,以及,具體教育的方式,相當可貴。大概是受他媽媽的影響,**孟母三遷**的故事,就為了給孩童時期的孟子找個好環境,充分顯示出,人性的軟體安裝,教化,的重要性。當然,嚴格的教化方式,過度設計的軟體,也可能妨害了人性的自由發揮。。。

孔子的"**仁**",將心比心,很自我,也很社會化。孟子的"**義**",更社會主義,"**民為貴,社稷次之,君為輕**",說白了,人民至上,社團或組織其次,統治者不那麼重要。並且認為"**天時不如地利,地利不如人和**",澈底以人為本。

做為當時的政治家,孟子跟孔子一樣失敗,周遊列國,最終回家寫書,留下"孟子"一書,散文簡潔流暢、說理明白、富感染力。做為思想家或哲學家,孟子的人本與民本思想,從未得到任何權力制度的統治者青睞,孟子成為政治話語權下的"亞聖"。他其實是人類最最傑出的知識份子之一,所揭櫫的**人道**思想,其實是中國以及其他人群演化的精華。

儒家發展到了**荀子**,戰國時代已近結局,飽學各家知識的荀子,澈底就當時人們能掌握的智慧,把歷來的儒家思想真正理性化到近於真實,成為集大成的"儒"。

首先,他將困擾各家的"天道"觀,回歸於客觀真相:天,大自然,沒有意志,沒有目的,沒有神祕,只有機制,自有規律,不因人類的存在

177

而改變。這，已經近似於現代人類的認識。荀子自己並沒有去試圖找出宇宙運作的各種規律，但數十年後，他的弟子中，**張蒼**，在漢代初年，便擴編了**"九章算術"**，成為人類最早期的數學作品之一。

荀子的"人道"觀，也符合客觀真相：生存本能，使人**"饑而欲飽，寒而欲暖，勞而欲息"**，繁衍本能，使人好色。他認為，人類心理上也客觀存在喜歡、不喜歡，以及，耳目感官上的欲望或偏好。這些本能，使人相爭、相害，對於主觀上的"善"（道德）的標準而言，必須從教化（或強制）入門，方才可以使人行善，相對於需要人為的努力才可得到的"善"，**"人性本惡"**是自然的結論，這其實已經就是現代心理學，"文化、道德，源於欲望的壓制"的論點了。

由於這樣的客觀性，荀子的政治見解，轉向**禮、法並重**，以禮義（道德的教化與儀制）平衡人性裡的利欲心，以法治（律法的嚴厲與實施）強制執行社會裡眾多利欲的平衡。後來，他的弟子中，**李斯、韓非**，成為秦國任用的著名**法家**，助成秦始皇統一並重塑中國世界。法家，實際，只是更強調法多於禮，法制的強制性當然大於禮制，移風易俗的效率更高，如此而已。

荀子，可以算作儒家思想演化的極致，他還強調了實踐的重要性，把"知"與"行"統一起來，使儒家思想從孔孟的理想色彩，真正落實到入世可行。後世中國人表現出來的儒表、法裡、道心，多少都可以從"荀子"書裡找出源頭。

"荀子"一書本身，也是緋句駢體文字的上好文章。
儒家，對於教化的重視與強調，從人性軟體的角度，完全正確。
法家，對於社會制度軟體的安裝，也是正確的。

智人社會，既需要道德，也需要律法，才"文明"得起來。

（四） **雜家，**陰陽五行家、實際是自然科學的思想者

**鄒衍**（**鄒子**，約西元前（324-250）），他嘗試以**陰陽五行**思想來解釋 "天道" 的趨向，勸說國王們，以儉約、仁義治國。他似乎認為，儒家說不清楚天地之 "理" ，所以，儒家的治國理念存在邏輯上的死角，以至於不能被統治階級信服。

就人類當時的知識而言，天道，大自然的道理，經常進入智人們的思維。鄒衍的陰陽五行，從物質的特性上推理歸納到一個程度，但沒有量化到以數字表達，最終成為玄學，依然未能說明白 "天道" 。結果，鄒衍也不能令統治階級信服。

陰陽五行，倒是跟後世道家混融，成為中國人群宇宙觀的相當一大部分。

他留下 "鄒子" 一書，神叨叨的，把黃帝、老子、孔子都捆綁成一塊，後世粉絲們加以推演出黃老之術，儒、道不分，真正 "雜" 家。

# 《東周時代所形成的中國式文明》

## （甲）　文藝與科技

### （1）　科

中醫的系統知識，這時期，似乎已經成形。

**秦緩**（**扁鵲**，約西元前（407-310）），是當代著名醫生，號稱"扁鵲"（傳說中的，黃帝時代的神醫），可見那時候人們對他醫術的評價。歷史記述說，他曾留下"內經""外經"的醫學著作，卻沒能流傳下來。

從扁鵲的事蹟來看，中醫自有一套理性邏輯：
① 望（色）、聞（聲）、問（情）、切（脈）。
　現代西醫基本上也做類似工作，但以各種儀器與化驗替代把脈。
② 反對巫術，不醫治"信巫不信醫"的人，這是起碼的心理建設。
③ 強調：預防勝於治療，使中國人群很早便注意日常營養與健康（衛生）。用藥則"以毒攻毒"，用針砭則"以痛止痛"，甚至放血，視人體為一個整合的"系統工程"。至於"氣"，可以看成是人體物理系統的"能量循還"。

當然，那時候還沒有顯微鏡，中醫不會知道或防治病菌與病毒，但已經非常難能可貴，可以說是那時代的"科學"了。當代科學，則證實"經絡"與"氣"的存在，但尚未能研究出一個系統科學，難在數據的量化。

扁鵲還講究"醫德"，為人謙虛，似乎做外科手術還懂得麻醉。

歷史記述，秦國宮廷醫生嫉妒扁鵲的成就，派刺客暗殺了他。

另外，傳說，扁鵲的醫術與醫學理論，傳自一位高人，但要求扁鵲：不可外傳。"不外傳"的說法，很好玩，大概是那時候中國的科技人"專利"的具體表現。

## （2） 技

戰國末期，是西周之後 500 年的事，這時中國世界已遠非 "中原" 概念得以含蓋。戰國初期的 8 強，韓、趙、魏、齊、楚、燕、秦、越，除了韓與魏比較算是 "中原" 傳統的血緣和文化之外，其他無不混融大量戎狄蠻夷的血緣和文化。中國世界的範圍擴大如此，衣食住行，人們生活所需，無疑各自隨地域而混合適應，比如，烹飪，一定更加豐富，紡織，則絲絹棉帛麻齊備，並及染色。技藝，族繁不及備載，但卻是人群生活改善的基礎，遠比政治、朝代、國家重要。

木工祖師爺，**公輸般**（**魯班**，約西元前（507-444）），出身於工匠世家，積累了許多代的實踐經驗。相傳，木工的標準配備，鋸、鑽、鉋子、鏟子、鑿子、曲尺、墨斗（劃線用）等工具，都是他的發明。機械，如磨、碾、鎖、飛鵲（估計是大型風箏似的飛行器）等，外加，立體地圖等等。總之，不愧為 "祖師爺" 級別的工程師。

實際，這時的科技水準，表現得最高檔的是**水利工程，李冰**父子修建的**都江堰**，無論從流體力學與建築工程的角度，都捏到了罩門，造福後人至今，連汶川大地震也沒怎麼傷到都江堰（川藏雲貴是地殼抬升區，兩千多年來（甚至數百萬年來），可沒少大地震，汶川不過是最近發生的一次而已），堪稱水利工程建設的絕品。。

（3）藝

繪畫，舉戰國楚墓出土的帛畫為例，左圖的男人騎龍，右圖的女人則似乎跟鳳嬉戲。可以看出來，戰國時期，中國水墨畫的源頭，也已齊備。

那時音樂，鐘鼓管弦樂器，已大致齊備。

（3） 文

文章，從春秋時期的尚書、詩經，演化出多種體裁，比如，屈原的**離騷**與荀子的論述（賦），列子的故事（寓言），孟子的散文（論），呂氏春秋的紀事（史）。風格，比如，莊子的浪漫，李斯的駢儷，等等。

大體上，後世中國人的詩詞文章，戰國時代結束時，都已有原型了。

中文，做為表達的工具，基本上業已開發完備。

# （乙）　中國式文明

在第一章裡頭，人們知道了，先後到達中國大地落戶的老祖宗們，雖然都是東非大裂谷"智人"的後裔，但各自攜帶了些微不同的基因變異的標記。如今的中國人群，都是這些老祖宗們，不同比例的混融的後裔。整體而言，中國人群裡找不出任何"純粹"的 XX 標記的群落，都是先後老祖宗們的混血。

人們必須瞭解："戎狄蠻夷"，完全是人類政治話語的習性與偏見。中國人，也都是戎狄蠻夷的後代。血緣上，藏跟羌的分支最晚（約 3 千年前），其次是漢跟羌的分支（約 7 千年前），那時候，百越（夷；東南大地，珠江、長江、黃河的下游）、苗瑤（蠻；西南大地，長江中游）、通古斯（戎狄；北方大地，松遼平原）早已遍布中國，而且只要有所接觸，大致就會有一定程度的混融。

在第二章裡頭，人們知道了，中國大地裡，只要環境合適，不管農業、或半牧半農、或游牧，各地的老祖宗們，都會嘗試過上定居的日子（游牧民也需要綠洲）。在中原農業文明大躍進的夏商周時期之前與之後，中國大地各處人群，也平行地演化出許多"文明"。

文明，從來就不是什麼個特定人群的"專利"。全球的智人，無論多麼隔離，也無論人群數量多少，都會開發"文明"，人類的生存本來就靠的集群、軟體（技藝、知識、組織、計畫、制度等等）、硬體（工具、產品等等）。

在早期中國大地出現種植的農業文明之中，儘管華北氣候乾旱些，黃河流經的黃土高原沃土上，中原的老祖們積累了人口數量級、農業技術與組織能力，最早跨越了人群"文明"的關鍵門檻：社會分工、私有制、藝術與文字的軟體開發，"華"族文化因此最早具備了擴張的載體：國家機器。

部落，部落聯盟，城邦，城邦聯盟，封建王國，帝國，都不過是"國家"的一種形式，而全人類國家機器的設計都一樣：

國家　＝　生產地盤＋人口＋武力＋管治體制＋收稅。

史記"三皇五帝"的故事，反映的正是 5 千年之前，中原文明的部落、國家伊始的神話。至於"黃帝"，這個形象的人物，以及，他的故事，僅只反映了羌漢族群與黃河流域早期農業文明族群的融合為一。

所有人類社會，私有制的發生，原本是自然的人性。擴張，佔有更大的生存空間，保障基因的延續，也是人群的天性。經過人腦設計的社會組織軟體，分工與管治，在私性下，產生了"財富"與"等級""權力"的人為概念。

仔細回顧所有人類文明，等級與權力軟體，算是人群社會運轉的必需（群落生存，需要管理、計畫、組織、監督、執行、指揮），但財富硬體，藝術品或金銀珠寶，幾乎都不是生存的必需品，無非財富的軟體（稀罕難得的東西的代表性），彰顯了等級和權力制度（包括話語權、定價權，等等）。財富，是權力制度下的產物。

人群的集體生存，即便從更早的猿人時代，一直都倚賴"有能力"的人來組織、領導。一開始，原始部落的人少，社會管治相對簡單，為了集體生存的"公權力"設計的權力機制，無論怎麼結構化，最終不敵人類的生物本能"護育自己的基因"。

權力，漸漸在"公"的面罩下，大量被包裝、被替換、被夾帶，成為血緣相關而不是能力相關的私權繼承。打從權力制度伊始，財富、經濟、利益的觀念被強化，而設計這個軟體的死角，就是假借"優化社會運作"的名義，夾帶私暗"獨佔"或"分贓"之實。

但，權力，等級，如何表現？如何維持？

184

文明早期，透過"文化"：壟斷藝術品（精良的器具或裝飾物）、文字的學習（代表"知識"）、或儀制（可藉以專斷神權）。這些，後來也都發展成為"財富"的軟硬體、或"財富"的象徵。

維持權益嘛，很簡單，訴諸人性的本能。殺雞儆猴，越血腥越具備恐嚇力。炫耀財富，越差距越接受等級感。壟斷知識，越無知越只能順從到底。

這個事實，古今中外，全人類都一樣。私性，私有制，無可避免，但私有制下設計出來的權力制度本身，漸漸成為人類演化的關卡。但這是現代人的覺悟。

東西方幾千年前的古人，多半只會被當初國家機器所展現的威力震撼，並隨著王朝的興衰沉浮，這就是歷史輪迴的本質。。。

所有文明，一開始便在新興的農業科技下，伴隨人口增長、權力制度、國家暴力而開展。收稅，或者時髦話語"剩餘價值的剝削"，豢養著"管治"機構裡的官僚或官企裡的百工，所有的權力機制，包括常備軍人，通通形成自利集團。後來，人口和社會經濟的擴大，大量解放工商，於是，工商，也形成自利集團。

就 2-4 千年前的時段來說，圍繞大河展開的農業文明，靠天吃飯，但有大量盈餘可以備荒的，人類史上有四個：古埃及、古西亞、古中國、古印度。

安納托利亞、西亞、埃及、華北（黃河流域），三者的緯度接近，都緊挨著乾冷的沙漠或草原，那裡的農業文明一直與周邊的游牧文明，剪不斷、理還亂。

印度、華南，則雨水充足，最終蓄養了最大量的農業定居人口。

而古安納托利亞、古西亞、古埃及、古羅馬，農業腹地不足，很早就開發了帆船的機動力，以環地中海周邊區域的交易，來養育人口。

歐亞大草原上，又是另一番景象，雖然乾旱，但不少的高山與河川，養育著不少綠洲農業，綠洲人群形成眾多城邦。馬匹和輪子，賦予陸地上的機動力，使得整個歐亞東西兩端，都是貿易的腹地，支撐著草原上所有 "游牧" 的部族，綠洲，便是游牧民的 "泊港"。農業定居的文明，從來不可能封閉，游牧和海洋機動的文明，一直就是 **"文明的攪拌器"**，交易或掠奪，全看資訊和武力是否對等。

人性，奇就奇在，東西方人們，對於幾乎沒有大了不起實用價值的<u>財富硬體</u>，不約而同，表現出同樣的貪婪。其實正因為 "財富" 代表著 "統治"，對資源、土地、人口的佔有。

當智人老祖們的智慧，"不約而同" 地在 1 萬年前開發出種植的農業技術時（地球暖化的效果唄），人群定居所推動的社會演化，進行了 5 千年時間後，也 "不約而同" 地，帶來了人類的農業文明、權力制度和國家機器。同時，隨環境適應，出現了定居的城邦世界，以及，不定居的游牧世界。

中國世界，夏商周的中原王朝，以及，中國大地存在過的其他文明，不過是人類定居的農業文明的顯例。就 "定居農業" 文明而言，"中國式文明" 無疑是其中的一個，高密度定居，的極致。

定居，意味著，機動力，大大喪失。人腦的智力開發，都集中到 "定居" 相關的事物。大量而又密集的農業人口，社會產生巨大的人際壓力，人性和思想的摸索，儒、道、法、墨家等等，都在這樣的環境裡形成。

以當今全球人口爆炸的情況來看，中國前人，中國式文明，已經做過不少功課，經歷、並發生過許許多多相關的、高密度人群的，人性事例。

中國人安裝過氏族部落聯邦，運轉過奴隸制度，運作過城邦交易，經驗過春秋戰國的血腥戰亂，出現過各種思想、各種運作數據。。。

最終，戰國結束，統一，是當時社會成本最低的答案，而這一個實驗那時才剛剛開始。後來，混融的"華"文化，被稱作"漢"文化，也是因為秦漢王朝強制統一的緣故。

秦始皇結束戰國時期、統一那時中國世界的時候，**中國文化**的特點已經齊備：

① **小農經濟**主導一個龐大而近乎固定的社會底層，人群的智力與資訊也相對侷限於定居的地域（已經是人類當時最大的領土板塊），主要精力，集中於統治並穩定大數量級的人口。

   管子，做為可能打破這個怪圈的開路人，幾乎被歷史遺忘。

② **王權專制**，中央政府集權，郡縣派官分治方，重農抑商，法禮統治。

   實際，秦始皇統一後，中國人很快就脫離"宗法封建制"、更不"奴隸制"了，即使在夏商周以迄戰國，中國人所謂的封建或奴隸制度，都跟西方大不相同。

③ **防禦北方**，不瞭解游牧民，也打不過機動武力。

   **拓殖南方**，淮河以南都是同質性的農業族群，比較打得過，安裝統治機器也有經驗。

   最終，"漢"文化成為中國式文明的標準軟體，同質性，與時俱進。

④ **人的因素第一**，儒家（人際學問）與道家（天人關係）成為**主流思想**。

實際，歷代摻雜進去的東西很多，但祖宗崇拜取代宗教，加上宗法禮制，使得中國文化有托古癖，無論什麼新鮮事，都往前面掛鉤、假借前人或祖宗名義。政治上，也有藉此混融中國疆域裡的多元族群、多元文化的需要。

墨家，要求高標準的理性與情性，一般人做不到那樣的犧牲，"為他"，既得利益的菁英更做不到。

墨子，被歷史遺忘。

法家之成為"家"，大有古人政治話語炒作的嫌疑，實際，不過是當時知識份子強化國家機器的改革思路而已。

同樣的政治話語炒作，使得孟子、荀子也沒有得到相應的思想家的位置。

中國式文明展現曙光這時，大海仍是人類無法自由活動的領域（地中海已經達到當時船舶機動力的極限），中國以外的世界，只能經由長城北邊的"戎狄"草原部族，但是，不定居的、機動的國家機器，卻完全超出定居的中國式文明的人們的想像力。

秦帝國統一中國世界的時段，匈汗國也大致打造出了草原游牧帝國，但那時候歐亞東西兩邊的人們對此幾乎一無所知，大家都難以想像騎馬機動的國家機器。（游牧國家機器的真相，要在成吉思汗、忽必烈汗、帖木兒汗，幾乎完全統一歐亞大陸之後，方才漸漸被人們瞭解，這已經是西元 13 世紀以後的事）

歷史上，人們都是因為流動才會有所接觸，東西方的貿易與資訊，長期必須通過歐亞大草原的游牧帝國。秦時，西方稱中國為 China（發音即為，秦），因為，匈汗國也稱中國為秦國。後來，漢化的北魏與遼統治華北時，西方稱中國為 Tubgach（拓跋）、Cathay（契丹）。人們的稱呼，隨時間點上的接觸實況變化的。感情上，海外華人（多老廣）自稱"唐人"，不僅因為唐王朝的開放與國際化，也有華南被秦漢征服的古早記憶吧。

生活方式和社會形態所造就的思想和認知差異，對人類是個深刻的課業。

或許，宋襄公是個明顯的例子，他相信"仁義"，又欲求"霸業"，結果，他的行為，自相矛盾。後世的"儒家"更矛盾，一方面抬高宋襄公為春秋霸主，一方面又譏笑他是"婦人之仁"。

其實，宋襄公，反映出前人跟我們一樣，大家都在學習怎麼"做人"、在人群社會的"文化"規矩下做人。

儘管教化塑造了大致雷同的意識、思維、甚至欲望，但每個人感受到的"境況"都是"獨特的"，相應的思想或行為的選擇，就很不一樣了。

中國人的歷史，記述著許多"大人物"的事例，其中滿滿是人性的數據，文化的數據。

Re-Do歷史01　PC0628

# 中國人這回事（I）
## ──遠古至東周：神話與真相的分野

作　　者／李乃義
出版策劃／獨立作家
發 行 人／宋政坤
法律顧問／毛國樑　律師
製作發行／秀威資訊科技股份有限公司
　　　　　地址：114 台北市內湖區瑞光路76巷65號1樓
　　　　　電話：+886-2-2796-3638　傳真：+886-2-2796-1377
　　　　　服務信箱：service@showwe.com.tw
展售門市／國家書店【松江門市】
　　　　　地址：104 台北市中山區松江路209號1樓
　　　　　電話：+886-2-2518-0207　傳真：+886-2-2518-0778
網路訂購／秀威網路書店：https://store.showwe.tw
　　　　　國家網路書店：https://www.govbooks.com.tw

出版日期／2016年7月　BOD一版　定價／250元

|獨立|作家|
Independent Author

寫自己的故事，唱自己的歌

中國人這回事. I, 遠古至東周：神話與真相的分
野 / 李乃義著. -- 一版. -- 臺北市：獨立作家,
2016.07
　　面；　公分. -- (Re-Do歷史；01)
BOD版
ISBN 978-986-93316-3-0(平裝)

1. 中國史　2. 通俗史話

610.9　　　　　　　　　　　　105010947

國家圖書館出版品預行編目

# 讀 者 回 函 卡

感謝您購買本書，為提升服務品質，請填妥以下資料，將讀者回函卡直接寄回或傳真本公司，收到您的寶貴意見後，我們會收藏記錄及檢討，謝謝！
如您需要了解本公司最新出版書目、購書優惠或企劃活動，歡迎您上網查詢或下載相關資料：http:// www.showwe.com.tw

您購買的書名：_____

出生日期：_____年_____月_____日

學歷：□高中 (含) 以下　　□大專　　□研究所 (含) 以上

職業：□製造業　□金融業　□資訊業　□軍警　□傳播業　□自由業
　　　□服務業　□公務員　□教職　□學生　□家管　□其它_____

購書地點：□網路書店　□實體書店　□書展　□郵購　□贈閱　□其他

您從何得知本書的消息？

　□網路書店　□實體書店　□網路搜尋　□電子報　□書訊　□雜誌
　□傳播媒體　□親友推薦　□網站推薦　□部落格　□其他_____

您對本書的評價：(請填代號　1.非常滿意　2.滿意　3.尚可　4.再改進)

　封面設計____　版面編排____　內容____　文／譯筆____　價格____

讀完書後您覺得：

　□很有收穫　□有收穫　□收穫不多　□沒收穫

對我們的建議：_____

_____

_____

_____

11466
台北市內湖區瑞光路 76 巷 65 號 1 樓
# 獨立作家讀者服務部　　　收

......................................................................................

（請沿線對折寄回，謝謝！）

姓　　名：＿＿＿＿＿＿＿＿＿　年齡：＿＿＿＿　性別：□女　□男

郵遞區號：□□□□□

地　　址：＿＿＿＿＿＿＿＿＿＿＿＿＿＿＿＿＿＿＿＿＿＿

聯絡電話：(日) ＿＿＿＿＿＿＿＿＿　(夜) ＿＿＿＿＿＿＿＿＿＿

E-mail：＿＿＿＿＿＿＿＿＿＿＿＿＿＿＿＿＿＿＿＿＿